国家骨干高职院校项目建设成果

Daolu Gongcheng Jiance
道路工程检测

王立军　陈晓明　主　编
　　　　胡宗林　主　审

人民交通出版社股份有限公司
China Communications Press Co.,Ltd.

内 容 提 要

本书是道路桥梁工程技术专业职业岗位核心能力课程教材,主要培养学生道路工程质量检测与评定的职业能力,讲授道路工程各分部工程质量检测与评定、新建公路工程质量评定与验收、在用公路技术状况检测与评定等内容。

本书以道路工程各分部工程质量检测与评定为载体创建了8个学习情境,主要包括:路基土石方工程、排水工程、砌筑防护工程、路面基层和底基层、水泥混凝土面层、沥青混凝土面层质量检测与评定,新建公路工程质量评定与验收,在用公路技术状况检测与评定。每个学习情境又包括若干个真实的工作任务,每个任务单元又包括任务概述、相关知识、任务实施、任务工作单等内容。

本书实用性和可操作性强,适合高职、中职院校道路桥梁工程技术、公路监理、高等级公路维护与管理等专业教学使用,同时也可作为公路试验检测人员的参考读物。

＊本书配有多媒体助教课件,任课教师可通过加入职教路桥教学研讨群(**QQ 群号:561416324**)索取。

图书在版编目(CIP)数据

道路工程检测／王立军,陈晓明主编.—北京:
人民交通出版社股份有限公司,2015.1
国家骨干高职院校项目建设成果
ISBN 978-7-114-12345-0

Ⅰ.①道… Ⅱ.①王… ②陈… Ⅲ.①道路工程—检测—高等职业教育—教材 Ⅳ.①U41

中国版本图书馆 CIP 数据核字(2015)第 146862 号

国家骨干高职院校项目建设成果

书　　名	道路工程检测
著 作 者	王立军　陈晓明
责任编辑	卢仲贤　袁　方　贾秀珍
出版发行	人民交通出版社股份有限公司
地　　址	(100011)北京市朝阳区安定门外外馆斜街3号
网　　址	http://www.ccpress.com.cn
销售电话	(010)59757973
总 经 销	人民交通出版社股份有限公司发行部
经　　销	各地新华书店
印　　刷	北京鑫正大印刷有限公司
开　　本	787×1092　1/16
印　　张	12.75
字　　数	310 千
版　　次	2015 年 1 月　第 1 版
印　　次	2018 年 12 月　第 2 次印刷
书　　号	ISBN 978-7-114-12345-0
定　　价	38.00 元

(有印刷、装订质量问题的图书由本公司负责调换)

江西交通职业技术学院
优质核心课程系列教材编审委员会

主　任：朱隆亮
副主任：黄晓敏　刘　勇
委　员：王敏军　李俊彬　官海兵　刘　华　黄　浩
　　　　张智雄　甘红缨　吴小芳　陈晓明　牛星南
　　　　黄　侃　何世松　柳　伟　廖胜文　钟华生
　　　　易　群　张光磊　孙浩静　许　伟

道路桥梁工程技术专业编审组（按姓名音序排列）
蔡龙成　陈　松　陈晓明　邓　超　丁海萍　傅鹏斌
胡明霞　蒋明霞　李慧英　李　娟　李　央　梁安宁
刘春峰　刘　华　刘　涛　刘文灵　柳　伟　聂　堃
唐钱龙　王　彪　王立军　王　霞　吴继锋　吴　琼
席强伟　谢　艳　熊墨圣　徐　进　宣　滨　俞记生
张　先　张先兵　郑卫华　周　娟　朱学坤　邹花兰

汽车运用技术专业编审组
邓丽丽　付慧敏　官海兵　胡雄杰　黄晓敏　李彩丽
梁　婷　廖胜文　刘堂胜　刘星星　毛建峰　闵思鹏
欧阳娜　潘开广　孙丽娟　王海利　吴纪生　肖　雨
杨　晋　游小青　张光磊　郑　莉　周羽皓　邹小明

物流管理专业编审组
安礼奎　顾　静　黄　浩　闵秀红　潘　娟　孙浩静
唐振武　万义国　吴　科　熊　青　闫跃跃　杨　莉
曾素文　曾周玉　占　维　张康潜　张　黎　邹丽娟

交通安全与智能控制专业编审组
陈　英　丁荔芳　黄小花　李小伍　陆文逸　任剑岚
王小龙　武国祥　肖　苏　谢静思　熊慧芳　徐　杰
许　伟　叶津凌　张春雨　张　飞　张　铮　张智雄

学生素质教育编审组
甘红缨　郭瑞英　刘庆元　麻海东　孙　力　吴小芳
余　艳

PREFACE 序

为配合国家骨干高职院校建设,推进教育教学改革,重构教学内容,改进教学方法,在多年课程改革的基础上,江西交通职业技术学院组织相关专业教师和行业企业技术人员共同编写了"国家骨干高职院校重点建设专业人才培养方案和优质核心课程系列教材"。经过三年的试用与修改,本套丛书在人民交通出版社股份有限公司的支持下正式出版发行。在此,向本套丛书的编审人员、人民交通出版社股份有限公司及提供帮助的企业表示衷心感谢!

人才培养方案和教材是教师教学的重要资源和辅助工具,其优劣对教与学的质量有着重要的影响。好的人才培养方案和教材能够提纲挈领,举一反三,而差的则照搬照抄,不知所云。在当前阶段,人才培养方案和教材仍然是教师以育人为目标,服务学生不可或缺的载体和媒介。

基于上述认识,本套丛书以适应高职教育教学改革需要、体现高职教材"理论够用、突出能力"的特色为出发点和目标,努力从内容到形式上有所突破和创新。在人才培养方案设计时,依据企业岗位的需求,构建了以岗位需求为导向,融教学生产于一体的工学结合人才培养模式;在教学内容取舍上,坚持实用性和针对性相结合的原则,根据高职院校学生到工作岗位所需的职业技能进行选择。并且,从分析典型工作任务入手,由易到难设置学习情境,寓知识、能力、情感培养于学生的学习过程中,力求为教学组织与实施提供一种可以借鉴的模式。

本套丛书共涉及汽车运用技术、道路桥梁工程技术、物流管理和交通安全与智能控制等27个专业的人才培养方案,24门核心课程教材。希望本套丛书能具有学校特色和专业特色,适应行业企业需求、高职学生特点和经济社会发展要求。我们期待它能够成为交通运输行业高素质技术技能人才培养中有力的助推器。

用心用功用情唯求致用,耗时耗力耗资应有所值。如此,方为此套丛书的最大幸事!

江西省交通运输厅总工程师 胡钊芳
2014年12月

前言 FOREWORD

根据《国家中长期教育改革和发展规划纲要(2010—2020年)》和《教育部 财政部关于进一步推进"国家示范性高等职业院校建设计划"实施工作的通知》(教高【2010】8号)等文件精神,结合学院国家骨干院校建设项目的实施,学院成立了国家骨干高职院校优质核心课程改革教材编写委员会。依托各专业校企合作工作委员会,对四个重点建设专业的核心课程,组织了以骨干教师为主编的创作队伍,通过与行业企业的密切合作,确定了课程的教学内容和编写模式,共同完成了本套教材的编写工作。

本书是学院国家骨干高职院校优质核心课程改革教材中的一本,基于"学习情境—工作任务"的模式进行编写,在学习情境确定上,通过广泛调查公路工程检测机构、施工单位、养护单位对检测人员知识、技能、素质的要求,并征求了一线检测人员的意见,同时参照相关职业资格技术标准,以公路试验检测员岗位的职业能力为目标,以道路工程各分部工程质量检测与评定为载体,构建了学习情境和工作任务。每个学习情境中的工作任务,都来自于工程实际,是一个个真实完整的质量检测与评定过程。本书有如下特点。

1. 整合学习体系,构建理论实践一体化教学模式

本书以道路工程检测职业行动领域真实的工作任务构建教学内容,共8个学习情境,40个工作任务;每个学习情境都做了学习情境概述,进行了职业能力分析,描述了学习情境;每个工作任务都做了任务概述,介绍了相关知识,任务实施过程按五步法进行编排,融"教、学、做"为一体,构建以行动导向为主要特点的理论实践一体化教学模式。

2. 开发学习资源,构建立体化教材

本书为方便教师教学和学生自学,充分开发学习资源,配套了电子教材,并配套了多媒体课件、网络课程,包括大量图片、微视频、教学录像、动画、二维互动实训库、三维虚拟仿真库,以及检测案例、测试题库,同时为满足实训需要,还编写了配套用书《道路工程检测实训指导书》。

3. 实用性和可操作性强,引导读者主动学习

本书按我国最新颁布的标准、规程及规范编写,坚持理论够用、注重实践,把应知应会的知识与技能讲通讲透,学习后可零距离对接上岗。读者通过自己的实际操作填写任务工作单,填写试验检测记录表,编制试验检测报告,把理论知识应用到实

践中,提高对理论知识和工作技能的掌握。

  本书由江西交通职业技术学院王立军、陈晓明主编,王彪、唐钱龙、廖爽等参编,江西省天驰高速科技发展有限公司总经理胡宗林主审。由王立军负责教材总体规划,编制编写大纲,并编写学习情境3、4、7、8,陈晓明负责全书统稿,王彪编写学习情境1、2,唐钱龙编写学习情境5、6,廖爽参与了本书任务工作单及附录的编写工作。

  本书编审人员不仅具有较高的理论知识,还具有丰富的公路工程检测实践工作经验。因此,本书不仅可以作为道路桥梁工程技术专业领域教材,也适合试验检测人员培训自学以及考试参考用书。

  本书在编写过程中参考了大量的著作和文献资料,在此一并向有关作者、编者表示真诚的感谢。

  由于作者水平有限,书中不妥或错误之处在所难免,恳请读者批评指正。

作　者
2014 年 12 月

学习情境1 路基土石方工程质量检测与评定 ·· 1
 情境概述 ·· 1
 工作任务1.1 土方路基质量评定 ·· 2
 工作任务1.2 土方路基压实度检测 ·· 5
 工作任务1.3 土方路基弯沉值测试 ·· 13
 工作任务1.4 路基路面几何尺寸检测 ·· 17
 工作任务1.5 土基现场CBR值测试 ··· 22
 工作任务1.6 石方路基质量评定 ·· 26
 工作任务1.7 软土地基质量评定 ·· 28
 工作任务1.8 土工合成材料处治层质量评定 ·· 32

学习情境2 排水工程质量检测与评定 ·· 35
 情境概述 ·· 35
 工作任务2.1 管道基础及管节安装质量评定 ·· 36
 工作任务2.2 检查(雨水)井砌筑质量评定 ·· 39
 工作任务2.3 浆砌排水沟质量评定 ·· 41
 工作任务2.4 水泥混凝土抗压强度检测 ·· 43
 工作任务2.5 水泥砂浆强度检测 ·· 47

学习情境3 砌筑防护工程质量检测与评定 ·· 50
 情境概述 ·· 50
 工作任务3.1 挡土墙质量评定 ·· 51
 工作任务3.2 抗滑桩与锚喷防护质量评定 ·· 56
 工作任务3.3 锚杆抗拔力检测 ·· 60

学习情境4 路面基层和底基层质量检测与评定 ·· 63
 情境概述 ·· 63
 工作任务4.1 水泥稳定粒料基层质量评定 ·· 64
 工作任务4.2 水泥稳定粒料基层压实度检测 ·· 68
 工作任务4.3 水泥稳定粒料基层厚度检测 ·· 71
 工作任务4.4 水泥稳定粒料无侧限抗压强度检测 ·· 75

学习情境5 水泥混凝土面层质量检测与评定 ·· 80
 情境概述 ·· 80
 工作任务5.1 水泥混凝土面层质量评定 ·· 81
 工作任务5.2 水泥混凝土面层板厚度检测 ·· 84

工作任务 5.3 水泥混凝土弯拉强度检测 ··· 88
学习情境 6 沥青混凝土面层质量检测与评定 ··· 93
情境概述 ··· 93
工作任务 6.1 沥青混凝土面层质量评定 ··· 94
工作任务 6.2 钻芯法测定沥青面层压实度 ·· 98
工作任务 6.3 沥青路面平整度检测 ·· 102
工作任务 6.4 沥青路面弯沉值测试 ·· 106
工作任务 6.5 沥青路面渗水系数测试 ··· 110
工作任务 6.6 沥青路面抗滑性能检测 ··· 114
工作任务 6.7 短脉冲雷达测定沥青路面厚度 ·· 121
学习情境 7 新建公路工程质量评定与验收 ··· 125
情境概述 ·· 125
工作任务 7.1 公路工程质量评定 ··· 126
工作任务 7.2 公路工程竣(交)工验收 ·· 134
学习情境 8 在用公路技术状况检测与评定 ··· 141
情境概述 ·· 141
工作任务 8.1 公路技术状况检测与调查 ·· 142
工作任务 8.2 路面损坏状况检测 ··· 144
工作任务 8.3 路面平整度检测 ·· 152
工作任务 8.4 路面车辙测试 ··· 155
工作任务 8.5 路面抗滑性能检测 ··· 159
工作任务 8.6 路面结构强度检测 ··· 164
工作任务 8.7 路基、桥隧构造物和沿线设施调查 ··· 167
工作任务 8.8 公路技术状况评定 ··· 172
附录 ·· 179
附录 A 公路路基路面现场测试随机选点方法 ·· 179
附录 B 检测路段数据整理方法 ·· 182
附录 C 公路技术状况评定调查及汇总表 ·· 185
参考文献 ·· 191

学习情境1　路基土石方工程质量检测与评定

📹 情境概述

一、职业能力分析

通过本情境的学习,期望达到下列目标。

1. 专业能力

(1)了解土方路基、石方路基、软土地基处治、土工合成材料处治层的基本要求;土方路基、石方路基的外观鉴定;软土地基处治、土工合成材料处治层的实测项目。

(2)熟悉一般规定;土方路基、石方路基的实测项目;软土地基处治、土工合成材料处治层的实测关键项目。

(3)掌握土方路基、石方路基的实测关键项目。

(4)会土方路基、石方路基、软土地基处治、土工合成材料处治层分项工程质量检验评定。

(5)会土方路基实测项目压实度、弯沉、几何尺寸等的检查和评定。

2. 社会能力

(1)通过分组活动,培养团队协作能力。

(2)通过规范文明操作,培养良好的职业道德和安全环保意识。

(3)通过小组讨论、上台演讲评述,培养表达沟通能力。

3. 方法能力

(1)通过查阅资料、文献,培养个人自学能力和获取信息能力。

(2)通过情境化的任务单元活动,掌握解决实际问题的能力。

(3)填写任务工作单,制订工作计划,培养工作方法能力。

(4)能独立使用各种媒体完成工作任务。

二、学习情境描述

在公路建设中,路基土石方工程是一种工程量大、劳动量多、施工条件复杂多变的工程,是路基工程中的主要分部工程,包括土方路基、石方路基、软土地基、土工合成材料处治层等分项工程。

本学习情境主要介绍土方路基、石方路基、软土地基、土工合成材料处治层质量评定,以及土方路基实测项目压实度、弯沉、几何尺寸、土基现场CBR等的检查和评定。

本学习情境划分为8个工作任务,内容主要包括:土方路基质量评定、土方路基压实度检测、土方路基弯沉值测试、路基路面几何尺寸检测、土基现场 CBR 值测试、石方路基质量评定、软土地基质量评定、土工合成材料处治层质量评定。

三、教学环境要求

本学习情境要求在道路检测实训基地完成,配备 8 个工作任务需用的仪具与材料分别各 4 套,同时提供实训基地道路工程概况,相关设备的使用说明书,《公路工程质量检验评定标准》(JTG F80/1—2004)和《公路路基路面现场测试规程》(JTG E60—2008)各 4 本;可以用于资料查询的计算机、任务工作单、分项工程质量检验评定表、试验检测记录表,试验检测报告表,多媒体教学设备、课件和视频教学资料等。

学生分成 4 个小组,各组独立完成相关的工作任务,并在教学完成后提交任务工作单和试验检测记录表、试验检测报告。

工作任务 1.1　土方路基质量评定

 任务概述

1. 应知应会

(1)了解土方路基的实测项目。

(2)熟悉路基土方工程一般规定;土方路基的实测项目。

(3)掌握土方路基的实测关键项目。

2. 学习要求

(1)研读教材内容。

(2)查阅《公路工程质量检验评定标准》(JTG F80/1—2004)中第 4 章。

(3)重视理论联系实际。

 相关知识

路基指的是按照路线位置和一定技术要求修筑的作为路面基础的带状构造物,路基是用土或石料修筑而成的线形结构物。它承受着本身的岩土自重和路面重力,以及由路面传递而来的行车荷载,是整个公路构造的重要组成部分。

按照对《公路路基施工技术规范》(JTG F10—2006)的理解:路基填料中,含石量在 30% 以下的为土方路基。

土方路基实测项目技术指标的规定值或允许偏差按高速公路、一级公路和其他公路(指二级及以下公路)两档设定,其中土方路基压实度按高速公路和一级公路、二级公路、三四级公路三档设定。

实测项目的检查频率,如果检查路段以延米计时,则为双车道公路每一检查段内的最低检查频率;多车道公路必须按车道数与双车道之比,相应增加检查数量。

路基压实度须分层检测,作为关键实测项目要进行压实度评定;路基其他检查项目均在路基顶面进行检查测定。

任务实施

1. 基本要求

(1) 在路基用地和取土坑范围内,应清除地表植被、杂物、积水、淤泥和表土,处理坑塘,并按规范和设计要求对基底进行压实。

(2) 路基填料应符合规范和设计的规定,经认真调查、试验后合理选用。

(3) 填方路基须分层填筑压实,每层表面平整,路拱合适,排水良好。

(4) 施工临时排水系统应与设计排水系统结合,避免冲刷边坡,勿使路基附近积水。

(5) 在设定取土区内合理取土,不得滥开滥挖。完工后应按要求对取土坑和弃土场进行修整,保持合理的几何外形。

2. 实测项目

土方路基实测项目见表1-1。

土方路基实测项目　　　　　　　　　表1-1

项次	检查项目		规定值或允许偏差			检查方法和频率	权值
			高速公路、一级公路	其他公路			
				二级公路	三、四级公路		
1△	压实度(%)	零填及挖方(m) 0~0.30	—	—	94	按附录B检查。密度法:每200m每压实层测4处	3
		0~0.80	≥96	≥95	—		
		0~0.80	≥96	≥95	≥94		
		填方(m) 0.80~1.50	≥94	≥94	≥93		
		>1.50	≥93	≥92	≥90		
2△	弯沉值(0.01mm)		不大于设计值			按附录I检查	3
3	纵断高程(mm)		+10,-15	+10,-20		水准仪:每200m测4个断面	2
4	中线偏位(mm)		50	100		经纬仪:每200m测4点,弯道加HY、YH2点	2
5	宽度(mm)		不小于设计值			米尺:每200m测4处	2
6	平整度(mm)		15	20		3m直尺:每200m测2处×10尺	2
7	横坡(%)		±0.3	±0.5		水准仪:每200m测4个断面	1
8	边坡		不陡于设计值			尺量:每200m测4处	1

注:①表列压实度以重型击实试验法为准,评定路段内的压实度平均值下置信界限不得小于规定标准,单个测定值不得小于极值(表列规定值减5%)。小于表列规定值2%的测点,按其数量占总检查点的百分率计算减分值。

②采用核子仪检验压实度时应进行标定试验,确认其可靠性。

③特殊干旱、特殊潮湿地区或过湿土路基,可按交通部颁发的路基设计、施工规范所规定的压实度标准进行评定。

④三级公路修筑沥青混凝土或水泥混凝土路面时,其路基压实度应采用二级公路标准。

⑤表中附录是指《公路工程质量检验评定标准》(JTG F80/1—2004)中附录。

3. 外观鉴定

(1)路基表面平整,边线直顺,曲线圆滑。不符合要求时,单向累计长度每50m减1~2分。

(2)路基边坡坡面平顺,稳定,不得亏坡,曲线圆滑。不符合要求时,单向累计长度每50m减1~2分。

(3)取土坑、弃土堆、护坡道、碎落台的位置适当,外形整齐、美观,防止水土流失。不符合要求时,每处减1~2分。

4. 质量保证资料

(1)分项工程开工报告(含施工方案)。

(2)分项工程施工放样报验资料。

(3)分项工程原材料检验资料。

(4)分项工程现场质量检验资料。

(5)分项工程中间交工资料。

学习领域:道路工程检测

学习情境1　路基土石方工程质量检测与评定 工作任务1.1　土方路基质量评定	班级			
	姓名		学号	
	日期		评分	

一、任务内容

分组进行土方路基质量评定,并填写分项工程质量检验评定表。

二、基本知识

1.土方路基实测项目技术指标的规定值或允许偏差按高速公路、一级公路和其他公路(指二级及以下公路)两档设定,其中土方路基压实度按_____、_____、_____三档设定。

2.按《公路工程质量检验评定标准》(JTG F80/1—2004)规定的实测项目的检查频率,如果检查路段以延米计时,则为双车道公路每一检查段内的最低检查频率;多车道公路必须按车道数与双车道之比,相应_____检查数量。

三、任务实施

1.土方路基的基本要求检查:

2.土方路基的实测项目检查:

3.土方路基在外观鉴定时,不符合要求时应如何扣分?

4.土方路基的质量保证资料有哪些？不齐全时应如何扣分？

5.填写分项工程质量检验评定表：
（见土方路基分项工程质量检验评定表）
四、任务小结
通过此工作任务的实施，各小组集中完成下述工作：
1.你认为本次实训是否达到预期目的？还有什么意见和建议？

2.土方路基实测项目的计分、分项工程得分、分项工程评分及等级评定方法：

工作任务1.2　土方路基压实度检测

 任务概述

1.应知应会

（1）了解土方路基压实度传统检测方法及其优点缺点，熟悉挖坑灌砂法测定压实度现场准备工作和测试步骤。

（2）会进行灌砂法测定压实度的检测操作、数据计算与处理，填写试验检测记录表，编制试验检测报告。

2.学习要求

（1）研读教材内容。

（2）查阅《公路路基路面现场测试规程》（JTG E60—2008）中 T 0921—2008 挖坑灌砂法测定压实度试验方法。

（3）重视理论联系实际。

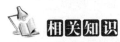 **相关知识**

压实度是路基路面施工质量检测的关键指标之一，是土或其他筑路材料压实后的干密度与标准最大干密度之比，以百分率表示，表征现场压实后的密度状况。压实度越高，密度越大，材料整体性能越好。对于路基而言，压实度是指工地上实际达到的干密度与室内标准击实试验所得最大干密度的比值。因此，压实度的测定主要包括室内标准击实试验最大干密度确定和现场密度试验。

土方路基压实度传统检测方法有挖坑灌砂法、环刀法和核子密度湿度仪法等。

挖坑灌砂法：是利用均匀颗粒的砂去置换试洞的体积，从而测试现场土或路面材料经压实后实际达到的干密度，适用于在现场测定基层（或底基层）、砂石路面及路基土的各种材料压实层的密度和压实度，但不适用于填石路堤等有大孔洞或大孔隙材料的压实度检测。挖坑灌砂法的优点是数值准确、操作过程可控和结果具有代表性，是目前公路建设中应用最广泛的压实度检测方法；缺点是需要携带较多量的砂，而且称量次数较多，测试速度较慢。

环刀法：是利用环刀直接在土层中取样，从而测试现场土或路面材料经压实后实际达到的干密度，适用于测定细粒土及无机结合料稳定细粒土的密度，但对无机结合料稳定细粒土，其龄期不宜超过2d，且宜用于施工过程中的压实度检验。环刀法的优点是设备简单操作方便；缺点是受土质限制，适用面较窄，对于含有粒料的稳定土及松散性材料无法使用，当环刀打入土中时，产生的应力使土松动，壁厚时产生的应力较大，因此干密度有所降低。

核子密度湿度仪法：是利用放射性元素测量土或路面材料的密度和含水率，适用于现场检测土壤、碎石、土石混合物、沥青混合料和非硬化水泥混凝土等材料的密度和含水率。其优点是测量速度快，需要人员少；缺点是放射性物质对人体有害，另外需要打洞的仪器，在打洞过程中使洞壁附近的结构遭到破坏，影响测定的准确性。对于核子密度湿度仪法，可作施工控制使用，须经对比试验检验，确认其可靠性，才可以作为质量评定依据。

本工作任务采用挖坑灌砂法测定土方路基压实度。

用挖坑灌砂法测定密度和压实度时，应符合下列规定：

(1) 当集料的最大粒径小于13.2mm、测定层的厚度不超过150mm时，宜采用ϕ100mm的小型灌砂筒测试。

(2) 当集料的最大粒径大于或等于13.2mm，但不大于31.5mm，测定层的厚度不超过200mm时，应用ϕ150mm的大型灌砂筒测试。

灌砂法用于土方路基压实度检测时需要预先确定路基土的最大干密度和最佳含水率。根据路基土类别与性质的不同，路基土最大密度试验方法主要有击实法、振动台法和表面振动压实仪法，适用范围见表1-2。

路基土最大干密度确定方法比较　　　　　　表1-2

试验方法	适用范围	土的粒组
轻型、重型击实法	1. 小试筒适用于粒径不大于25mm的土； 2. 大试筒适用于粒径不大于38mm的土	细粒土 粗粒土
振动台法	1. 本试验规定采用振动台法测定无黏性自由排水粗粒土和巨粒土（包括堆石料）的最大干密度； 2. 本试验方法适用于通过0.074mm标准筛的土颗粒质量百分数不大于15%的无黏性自由排水粗粒土和巨粒土； 3. 对于最大颗粒大于60mm的巨粒土，因受试筒允许最大粒径的限制，宜按相似级配法的规定处理	粗粒土 巨粒土
表面振动压实仪法	同上	粗粒土 巨粒土

击实试验是我国路基土最大干密度确定的主要方法，通过试验得出的击实曲线，确定最大干密度和最佳含水率。以干密度为纵坐标，以含水率为横坐标，在普通直角坐标纸上绘制干密度与含水率的关系曲线，驼峰形曲线顶点的纵、横坐标分别为路基土的最大干密度和最

佳含水率,即最大干密度是指在标准击实曲线(驼峰曲线)上最大的干密度值,该值对应的含水率即为最佳含水率。

1. 仪具与材料

(1)灌砂筒:有大小两种,根据需要采用,形式和主要尺寸分别见图 1-1 和表 1-3。上部为储砂筒,储砂筒筒底中心有一圆孔,下部装一倒置的圆锥形漏斗,漏斗上端开口,直径与储砂筒的圆孔相同,漏斗焊接在一块铁板上,铁板中心有一圆孔与漏斗上开口相接。在储砂筒筒底与漏斗顶端铁板之间设有开关。开关为一薄铁板,一端与筒底及漏斗铁板铰接在一起,另一端伸出筒身外。开关铁板上也有一个相同直径的圆孔。

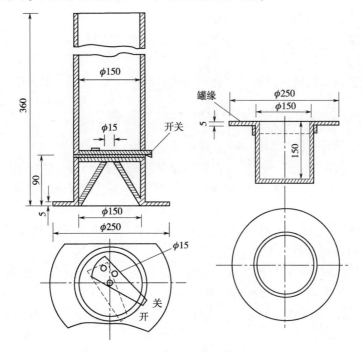

图 1-1 灌砂筒和标定罐(尺寸单位:mm)

灌砂筒的主要尺寸　　　　　　　　　　　表1-3

结　　构		小型灌砂筒	大型灌砂筒
储砂筒	直径(mm)	100	150
	容积(cm³)	2 120	4 600
流砂孔	直径(mm)	10	15
金属标定罐	内径(mm)	100	150
	外径(mm)	150	200
金属方盘基板	边长(mm)	350	400
	深(mm)	40	50
	中孔直径(mm)	100	150

注:如集料的最大粒径超过31.5mm,则应相应地增大灌砂筒和标定罐的尺寸,如集料的最大粒径超过53mm,灌砂筒和现场试洞的直径应为200mm。

(2)金属标定罐:用薄铁板制作的金属罐,上端周围有一罐缘。

(3)基板:用薄铁板制作的金属方盘,盘的中心有一圆孔。

(4)玻璃板:边长为500~600mm的方形板。

(5)试样盘:小筒挖出的试样可用饭盒存放,大筒挖出的试样可用 300mm × 500mm × 40mm 的搪瓷盘存放。

(6)天平或台秤:称量 10~15kg,感量不大于 1g,用于含水率测定的天平精度,对细粒土、中粒土、粗粒土宜分别为 0.01g、0.1g、1.0g。

(7)含水率测定器具:如铝盒、烘箱等。

(8)量砂:粒径 0.30~0.60mm 清洁干燥的均匀砂 20~40kg,使用前须洗净、烘干,并放置足够长的时间,使其与空气的湿度达到平衡。

(9)盛砂的容器:塑料桶等。

(10)其他:凿子、螺丝刀、铁锤、长把勺、长把小簸箕、毛刷等。

2. 方法与步骤

(1)按现行试验方法对检测对象试样用同种材料进行击实试验,得到最大干密度 ρ_c 及最佳含水率。

(2)按规定选用适宜的灌砂筒。

(3)按下列步骤标定灌砂筒下部圆锥体内砂的质量:

①在灌砂筒筒口高度上,向灌砂筒内装砂至筒顶的距离 15mm 左右为止。称取筒内砂的质量 m_1,精确至 1g,以后每次标定及试验都应该维持装砂高度与质量不变。

②将开关打开,使灌砂筒筒底的流砂孔、圆锥形漏斗上端开口圆孔及开关铁板中心的圆孔上下对准重叠在一起,让砂自由流出,并使流出砂的体积与工地所挖试坑内的体积相当(或等于标定罐的容积),然后关上开关。

③不晃动灌砂筒的砂,轻轻地将灌砂筒移至玻璃板上,将开关打开,让砂流出,直到筒内砂不再下流时,将开关关上,并细心地取走灌砂筒。

④收集并称量留在玻璃板上的砂或称量筒内的砂,精确至 1g。玻璃板上的砂就是填满筒下圆锥体的砂(m_2)。

⑤重复上述测量三次,取其平均值。

(4)按下列步骤标定量砂的松方密度 ρ_s(g/cm³):

①用水确定标定罐的容积 V,精确至 1mL。

②在储砂筒中装入质量为 m_1 的砂,并将灌砂筒放在标定罐上,将开关打开,让砂流出。在整个流砂过程中,不要碰动灌砂筒,直到灌砂筒内的砂不再下流时,将开关关闭。取下灌砂筒,称取筒内剩余砂的质量(m_3),精确至 1g。

③按式(1-1)计算填满标定罐所需砂的质量 m_a(g)。

$$m_a = m_1 - m_2 - m_3 \tag{1-1}$$

式中:m_a——标定罐中砂的质量,g;

m_1——装入灌砂筒内的砂的总质量,g;

m_2——灌砂筒下部圆锥体内砂的质量,g;

m_3——灌砂入标定罐后,筒内剩余砂的质量,g。

④重复上述测量三次,取其平均值。

⑤按式(1-2)计算量砂的松方密度 ρ_s。

$$\rho_s = \frac{m_a}{V} \tag{1-2}$$

式中：ρ_s——量砂的松方密度，g/cm^3；

　　　V——标定罐的体积，cm^3。

(5)试验步骤：

①在试验地点，选一块平坦表面，并将其清扫干净，其面积不小于基板面积。

②将基板放在平坦表面上，如果表面粗糙度较大时，则将盛有量砂(m_5)的灌砂筒放在基板中间圆孔上。将罐砂筒的开关打开，让砂流入基板的中孔内，直到储砂筒内的砂不再下流时关闭开关。取下灌砂筒，并称量筒内砂的质量(m_6)，精确至1g。

③取走基板，并将留在试验地点的量砂收回，重新将表面清扫干净。

④将基板放回清扫干净的表面上(尽量放在原处)，沿基板中孔凿洞(洞的直径与灌砂筒一致)。在凿洞的过程中，应注意不使凿出的材料丢失，并随时将凿松的材料取出装入塑料袋中，不要使水分蒸发；也可放在大试样盆内。试调的深度应等于测定层厚度，但不得有下层材料混入，最后将洞内的试调深度全部凿松材料取出，对土基或基层，为防止试样盘内材料的水分蒸发，可分几次称取材料的质量，全部取出材料的总质量为m_w，精确至1g。

注：当需要检测厚度时，应先测量厚度后再进行这一步骤。

⑤从挖出的全部材料中取有代表性的样品，放在铝盒或洁净的搪瓷盘中，测定其含水率(w,以%计)。样品的数量如下：用小灌砂筒测定时，对于细粒土，不少于100g；对于各种中粒土，不少于500g。用大灌砂筒测定时，对于细粒土，不少于200g；对于各种中粒土，不少于是1 000g；对于粗粒土或水泥、石灰、粉煤灰等无机结合料稳定材料，宜将取出的全部材料烘干，且不少于2 000g，称其质量(m_d)，精确至1g。

⑥将基板安放在试坑上，将灌砂筒安放在基板中间(储砂筒内放满砂到要求质量m_1)，使灌砂筒的下口对准基板的中孔及试洞，打开灌砂筒的开关，让砂流入试坑内，在此期间，应注意勿碰动灌砂筒。直到储砂筒内的砂不再下流时，关闭开关，仔细取走灌砂筒，并称量筒内剩余砂的质量(m_4)，精确至1g。

⑦如清扫干净的平坦表面的粗糙度不大，也可省去②和③的操作步骤。在试洞挖好后，将灌砂筒直接对准放在试坑上，中间不需要放基板，打开筒开关，让砂流入试坑内，在此期间，应注意勿碰动灌砂筒。直到储砂筒内的砂不再下流时，关闭开关。小心取走灌砂筒，并称量筒内剩余砂的质量(m'_4)，精确至1g。

⑧仔细取出试筒内的量砂，以备下次试验时再用。若量砂的湿度已发生变化或量砂中混有杂质，则应该重新烘干、过筛，并放置一段时间，使其与空气的湿度达到平衡后再用。

(6)操作时的注意事项。灌砂法是施工过程中最常用的试验方法之一，为使试验数据准确，应注意以下几个环节：

①量砂要规范。量砂如果重复使用，一定要注意晾干，处理一致，否则影响量砂的松方密度。每换一次量砂，必须重测其松方密度。

②地表面处理要平整。只要表面凸出一点，就会使表面高出一个薄层，其体积就会计到试坑中去。

③在挖坑时试坑周壁应竖直，避免出现上大下小或上小下大的情形，这样就会使检测密

度偏大或偏小。

④灌砂时检测厚度应为整个碾压层厚,不能只取上部或者取到下一个碾压层中。

3. 数据计算与处理

(1)按式(1-3)或式(1-4)计算填满试坑所用的砂的质量 m_b(g)。

灌砂时,试坑上放有基板时:

$$m_b = m_1 - m_4 - (m_5 - m_6) \tag{1-3}$$

灌砂时,试坑上不放基板时:

$$m_b = m_1 - m'_4 - m_2 \tag{1-4}$$

式中:m_b——填满试坑的砂的质量,g;
m_1——灌砂前灌砂筒内砂的质量,g;
m_2——灌砂筒下部圆锥体内砂的质量,g;
m_4、m'_4——灌砂后,灌砂筒内剩余砂的质量,g;
$m_5 - m_6$——灌砂筒下部圆锥体内及基板和粗糙表面间砂的合计质量,g。

(2)按式(1-5)计算试坑材料的湿密度 ρ_w。

$$\rho_w = \frac{m_w}{m_b} \rho_s \tag{1-5}$$

式中:m_w——试坑中取出的全部材料的质量,g;
ρ_s——量砂的松方密度,g/cm³。

(3)按式(1-6)计算试坑材料的干密度 ρ_d(g/cm³)。

$$\rho_d = \frac{\rho_w}{1 + 0.01w} \tag{1-6}$$

式中:w——试坑材料的含水率,%。

(4)按式(1-7)计算施工压实度。

$$K = \frac{\rho_d}{\rho_c} \times 100 \tag{1-7}$$

式中:K——测试地点的施工压实度,%;
ρ_d——试样的干密度,g/cm³;
ρ_c——由击实试验得到的试样的最大干密度,g/cm³。

注:当试坑材料组成与击实试验的材料有较大差异时,可以试坑材料作标准击实,求取实际的最大干密度。

4. 检测记录与报告

各种材料的干密度均应精确至 0.01g/cm³。

5. 土方路基压实度评定

压实度检测结果评定路基压实度以 1~3km 长的路段为检验评定单元,按要求的检测频率及方法进行现场压实度抽样检查,求算每一测点的压实度 K_i。

压实度评定要点是:

(1)控制平均压实度的置信下限,以保证总体水平。

(2)规定单点极值不得超出规定值,防止局部隐患。

(3)规定扣分界限以区分质量优劣。

检验评定路段的压实度代表值K(算术平均值的下置信界限)为:

$$K_1 = \bar{K} - \frac{t_\alpha}{\sqrt{n}} \cdot S \geq K_0 \qquad (1-8)$$

式中:$\bar{K}$——检验评定路段内各测点压实度的平均值;

t_α——t 分布表中随测点数和保证率(或置信度 α)而变的系数,高速公路、一级公路路基为95%,其他公路路基为90%;

S——检测值的标准差;

n——检测点数;

K_0——压实度标准值。

压实度评分方法如下:

当$K \geq K_0$且单点压实度全部大于或等于规定值减2%时,评定路段的压实度可得规定满分。

当$K \geq K_0$且单点压实度全部大于或等于规定极值时,对于测定值低于规定值减2%的测点,按其占总检查点数的百分率计算扣分值。

当$K < K_0$或某一单点压实度K_i小于规定极值时,该评定路段压实度为不合格,评分为零。

路堤施工段落短时,分层压实度要每点都符合要求,且实际样本数不少于6个。

当$K < K_0$时,该评定路段压实度为不合格,评分为零。

【例1-1】 某二级公路土方路基工程进行交工验收,现测得某段的压实度值为:94.0%;97.2%;93.3%;97.1%;96.3%;90.4%;98.6%;97.8%;96.2%;95.5%;95.9%;96.8%,请你对检测结果进行评定,并计算其得分值(已知$K_0 = 93\%$,规定极值为88%,保证率为90%)。

解 (1)经计算平均值$\bar{K}$、标准偏差S为:

$$\bar{K} = 95.76(\%), \quad S = 2.25$$

(2)计算路段压实度代表值:

$$K_L = \bar{K} - \frac{t_\alpha}{\sqrt{n}} \cdot S = 95.76 - 0.393 \times 2.25 = 94.88\%$$

(3)判断压实质量:

因为$K_L > K_0$,所示该段压实质量是合格的,且各个单点压实度K_i大于规定极值(88%)。

(4)计算合格率:

大于$(93-2)\% = 91\%$的点共 11 个点,故:

$$合格率 = \frac{11}{12} = 91.7\%$$

(5)计算检查项目得分:

检查项目得分 $= 100 \times 91.7\% = 91.7$ 分

任务工作单

学习领域:道路工程检测

学习情境1 路基土石方工程质量检测与评定 工作任务1.2 土方路基压实度检测	班级		
	姓名	学号	
	日期	评分	

一、任务内容

分组用挖坑灌砂法测定压实度,并填写试验检测记录表和编制试验检测报告。

二、基本知识

1. 土方路基压实度是指_____与_____的比值。
2. 路基压实度传统检测方法有_____,_____和_____等。
3. 挖坑灌砂法是利用均匀颗粒的砂去置换试洞的体积,从而测试工地上土或路面材料经压实后实际达到的干密度,其优点是_____,从而得到建设各方面的广泛认可,成为目前公路建设中应用最广泛的压实度检测方法。
4. 环刀法是一种破坏性的检测方法,适用于_____。

三、任务实施

1. 挖坑灌砂法测定压实度所需仪具与材料:

2. 挖坑灌砂法测定压实度室内试验方法:

3. 挖坑灌砂法测定压实度测试步骤:

4. 填写试验检测记录表
(见 JJ 1402a 路基路面压实度试验记录表 灌砂法)
5. 编制试验检测报告
(见 JB 021402 路基路面压实度试验检测报告)

四、任务小结

通过此工作任务的实施,各小组集中完成下述工作。

1. 你认为本次实训是否达到预期目的?还有什么意见和建议?

2. 挖坑灌砂法测定压实度操作时,需注意哪些事项?

3. 土方路基压实度如何评定?评定要点有哪些?

工作任务1.3 土方路基弯沉值测试

 **任务概述**

1. 应知应会

（1）了解回弹弯沉值的概念及检测方法；熟悉贝克曼梁测定路基路面回弹弯沉的目的、适用范围、现场准备工作和测试步骤。

（2）会进行贝克曼梁测定路基路面回弹弯沉的检测操作，数据计算与处理，填写试验检测记录表，编制试验检测报告。

2. 学习要求

（1）研读教材内容。

（2）查阅《公路路基路面现场测试规程》（JTG E60—2008）中 T 0951—2008 贝克曼梁测定路基路面回弹弯沉试验方法。

（3）重视理论联系实际。

 相关知识

国内外普遍采用回弹弯沉值来表示路基路面的承载能力，回弹弯沉值是指标准后轴载双轮组轮隙中心处的最大回弹弯沉值，以 0.01mm 为单位，在路表测试的回弹弯沉值可以反映路基、路面的综合承载能力。回弹弯沉值越大，承载能力越小；反之则越大。

回弹弯沉值在我国已广泛使用且有很多试验和研究成果，它不仅用于路面结构的设计中（设计回弹弯沉），而且用于施工控制及施工验收中（竣工验收弯沉值），同时还用在旧路补强设计中。它是公路工程的一个基本参数。

弯沉值的测试方法较多，土方路基主要采用贝克曼梁或自动弯沉仪测试，目前用得最多的是贝克曼梁法，利用杠杆原理制成杠杆式弯沉仪测定轮隙弯沉，在我国已有成熟的经验。

本工作任务采用贝克曼梁法测定土方路基弯沉值。

 任务实施

（一）仪具与材料

1. 标准车

双轴、后轴双侧4轮的载重车，其标准轴荷载、轮胎尺寸、轮胎间隙及轮胎气压等主要参数应符合表1-4的要求。测试车采用后轴10t的BZZ—100汽车。

测定弯沉用的标准车参数　　　　　　　表1-4

标准轴重等级	BZZ-100
后轴标准轴载 P(kN)	100 ± 1
一侧双轮荷载(kN)	50 ± 0.5
轮胎充气压力(MPa)	0.70 ± 0.05
单轮传压面当量圆直径(cm)	21.30 ± 0.5
轮隙宽度	应能满足自由插入弯沉仪测头的测试要求

2. 弯沉仪

弯沉仪由贝克曼梁、百分表及表架组成。贝克曼梁由合金铝制成,上有水准气泡,其前臂(接触路面)与后臂(装百分表)长度比为2:1。弯沉仪长度有两种:一种长3.6m,前后臂分别为2.4m和1.2m;另一种加长的弯沉仪长5.4m,前后臂分别为3.6m和1.8m。其构造如图1-2所示。弯沉采用百分表量得,也可用自动记录装置进行测量。

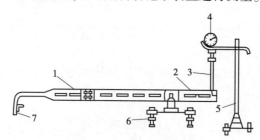

图1-2 路面弯沉仪的构造
1、2-前后杠杆;3-立杆;4-百分表;5-表架;6-支座;7-测头

3. 其他

皮尺、口哨、白油漆或粉笔、指挥旗等。

(二)方法与步骤

1. 准备工作

(1)检查并保持测定用标准车的车况及制动性能良好,轮胎符合规定充气压力。

(2)向汽车车槽中装载铁块等集料,并在地磅上称量后轴质量,使之符合要求的轴重规定。汽车行驶及测定过程中,轴重不得变化。

(3)测定轮胎接地面积:在平整光滑的硬质路面上用千斤顶将汽车后轴顶起,在轮胎下方铺一张新的复写纸,轻轻落下千斤顶,即在方格纸上印上轮胎印痕,用求积仪或数方格的方法测算轮胎接地面积,精确至$0.1cm^2$。

(4)检查弯沉仪百分表测量灵敏情况。

2. 测试步骤

(1)在测试路段布置测点,其距离随测试需要而定。测点应在路面行车道的轮迹带上,并用白漆或粉笔画上标记。

(2)将试验车后轮轮隙对准测点后3~5cm的位置上。

(3)将弯沉仪插入汽车后轮之间的缝隙处,与汽车方向一致,梁臂不得碰到轮胎,弯沉仪测头置于测点上(轮隙中心前方3~5cm处),并安装百分表于弯沉仪的测定杆上。百分表调零,用手指轻轻叩打弯沉仪,检查百分表是否稳定回零。弯沉仪可以是单侧测定,也可以是双侧同时测定。

(4)测定者吹哨发令指挥汽车缓缓前进,百分表随路面变形的增加而持续向前转动。当表针转动到最大值时,迅速读取初读数L_1。汽车仍在继续前进,表针反向回转,待汽车驶出弯沉影响半径(约3m以上)后,吹口哨或挥动指挥旗,汽车停止。待表针回转稳定后,再次读取终读数L_2。汽车前进的速度宜为5km/h左右。

(三)数据计算与处理

测点的回弹弯沉值依式(1-9)计算:

$$L_T = (L_1 - L_2) \times 2 \tag{1-9}$$

式中：L_T——在路面温度 T 时的回弹弯沉值，0.01mm；

L_1——车轮胎中心临近弯沉仪测头时百分表的最大读数，0.01mm；

L_2——汽车驶出弯沉影响半径后百分表的终读数，0.01mm。

（四）检测记录与报告

报告应包括：每一个评定路段的各测点弯沉的平均值、标准差及代表弯沉。

（五）土方路基弯沉值评定

(1)土方路基每一双车道评定路段（不超过 1km）检查 80~100 个点，多车道公路必须按车道数与双车道之比，相应增加测点。

(2)弯沉代表值为弯沉测量值的上波动界限，按式(1-10)计算每一个评定路段的代表弯沉：

$$L_r = \bar{L} + Z_\alpha \cdot S \quad (1-10)$$

式中：L_r——一个评定路段的代表弯沉，0.01mm；

$\bar{L}$——一个评定路段内经各项修正后的各测点弯沉的平均值，0.01mm；

S——一个评定路段内经各项修正后全部测点弯沉的标准差，0.01mm；

Z_α——与保证率有关的系数，高速、一级公路，对于路基采用 $Z_\alpha = 2.0$；二、三级公路对于路基采用 $Z_\alpha = 1.645$。

(3)当路基的弯沉代表值不符合要求时，可将超出 $\bar{L} \pm (2~3)S$ 的弯沉特异值舍弃，重新计算平均值和标准差。对舍弃的弯沉值大于 $\bar{L} + (2~3)S$ 的点，应找出其周围界限，进行局部处理。

(4)若用两台弯沉仪同时进行左右轮弯沉值测定时，应按两个独立测点计，不能采用左右两点平均值。若在非不利季节测定时，应考虑季节影响系数。

(5)弯沉代表值大于设计要求的弯沉值时相应分项工程为不合格。

任务工作单

学习领域：道路工程检测

学习情境1 路基土石方工程质量检测与评定 工作任务 1.3 土方路基弯沉值测试	班级	
	姓名	学号
	日期	评分

一、任务内容

分组进行贝克曼梁测定路基路面回弹弯沉操作，并填写试验检测记录表和编制试验检测报告。

二、基本知识

1.回弹弯沉值是指标准后轴载双轮组轮隙中心处的最大回弹弯沉值，以_____为单位。

2.弯沉值的测试方法较多，土方路基主要采用_____或_____测试，贝克曼梁法利用_____制成杠杆式弯沉仪测定轮隙弯沉。

三、任务实施

1.贝克曼梁测定路基回弹弯沉所需仪具与材料：

2. 贝克曼梁测定路基回弹弯沉的准备工作：

3. 贝克曼梁测定路基回弹弯沉的现场准备工作：

4. 贝克曼梁测定路基回弹弯沉的测试步骤：

5. 填写试验检测记录表
见 JJ 1405 路基弯沉试验检测记录表(贝克曼梁法)。
6. 编制试验检测报告
(见 JB 021405 路基弯沉试验检测报告)
四、任务小结
通过此工作任务的实施，各小组集中完成下述工作。
1. 你认为本次实训是否达到预期目的？还有什么意见和建议？

2. 贝克曼梁测定路基回弹弯沉何时需要进行支点修正？

3. 土方路基弯沉值应如何评定？评定要点有哪些？

工作任务1.4 路基路面几何尺寸检测

任务概述

1. 应知应会

(1)熟悉几何尺寸检测的现场准备工作和检测步骤。

(2)会进行几何尺寸的检测操作,数据计算与处理,填写试验检测记录表,编制试验检测报告。

2. 学习要求

(1)研读教材内容。

(2)查阅《公路路基路面现场测试规程》(JTG E60—2008)中 T 0911—2008 路基路面几何尺寸检测方法。

(3)重视理论联系实际。

相关知识

依据规范规定,路基路面在施工过程中、交工验收期间及旧路调查中,都需要检测路基路面各部分的几何尺寸,保证其符合规范及其规定要求。

路基路面常见几何尺寸实测项目及要求见表1-5。其他路基路面几何尺寸实测项目的要求见《公路工程质量检验评定标准》(JTG F80/1—2004)。

路基路面常见几何尺寸实测项目及要求　　　　　表1-5

结构名称	检查项目		规定值或容许偏差		检查方法和频率	权值
			高速、一级公路	其他公路		
土方路基	纵断高程(mm)		+10,-15	+10,-20	水准仪:每200m测4个断面	2
	中线偏位(mm)		50	100	经纬仪:每200m测4个点,弯道加HY、YH两点	
	宽度(mm)		符合设计要求		米尺:每200m测4处	
	横坡(%)		±0.3	±0.5	水准仪:每200m测4个断面	1
	边坡		符合设计要求		尺量:每200m测4处	
石方路基	纵断高程(mm)		+10,-20	+10,-30	水准仪:每200m测4个断面	2
	中线偏位(mm)		50	100	经纬仪:每200m测4个点,弯道加HY、YH两点	
	宽度(mm)		符合设计要求		米尺:每200m测4处	
	横坡(%)		±0.3	±0.5	水准仪:每200m测4个断面	1
	边坡	坡度	符合设计要求		每200m抽查4处	
		平顺度				

续上表

结构名称	检查项目		规定值或容许偏差		检查方法和频率	权值
			高速、一级公路	其他公路		
石灰土基层	纵断高程(mm)	基层	—	+5,-15	水准仪:每200m测4个断面	1
		底基层	+5,-15	+5,-20		
	宽度(mm)		符合设计要求		尺量:每200m测4处	
	横坡(%)	基层	—	±0.5	水准仪:每200m测4个断面	
		底基层	±0.3	±0.5		
沥青混凝土面层	纵断高程(mm)		±15	±20	水准仪:每200m测4个断面	1
	中线平面偏位(mm)		20	30	经纬仪:每200m测4个点	
	横坡(%)		±0.3	±0.5	水准仪:每200m测4个断面	
	宽度(mm)	有侧石	±20	±30	尺量:每200m测4处	
		无侧石	不小于设计值			
水泥混凝土面层	中线平面偏位(mm)		20		经纬仪:每200m测4个点	1
	路面宽度(mm)		±20		米尺抽量:每200m测4处	
	纵断高程(mm)		±10	±15	水准仪:每200m测4个断面	
	横坡(%)		±0.15	±0.25	水准仪:每200m测4个断面	

 任务实施

(一)仪具与材料

(1)长度量具:钢尺。

(2)经纬仪、精密水准仪、全站仪、塔尺。

(3)其他:粉笔等。

(二)方法与步骤

1. 准备工作

(1)在路基或路面上准确恢复桩号。

(2)根据有关施工规范或工程质量检验评定标准的要求,按《公路路基路面现场测试规程》(JTG E60—2008)附录 A:公路路基路面现场测试随机选点方法,在一个检测路段内选取测定的断面位置及里程桩号,在测定断面作上标记。通常将路面宽度、横坡、高程及中线偏位选取在同一断面位置,且宜在整数桩号上测定。

(3)根据道路设计的要求,确定路基路面各部分设计宽度的边界位置,在测定位置上用粉笔做上记号。

(4)根据道路设计的要求,确定设计高程的纵断面位置,在测定位置上用粉笔做上记号。

(5)根据道路设计的要求,在与中线垂直的横断面上确定成型后路面的实际中心线位置。

(6)根据道路设计的路拱形状,确定曲线与直线部分的交界位置及路面与路肩(或硬路肩)的交界处,作为横坡检验的基准;当有路缘石或中央分隔带时,以两侧路缘石边缘为横坡测定的基准点,用粉笔做上记号。

2. 路基路面纵断面高程的测试

纵断面高程检验的关键在于测定纵断面高程的位置是否准确,我们按照道路设计标准决定测定纵断面位置。

纵断面高程测定应按下列步骤执行:

(1)将水平仪架设在路面平顺处调平,将塔尺竖立在中线的测定位置上,以路线附近的水准点高程作为基准,测记测定点的高程读数,以米(m)表示,精确至0.001m。

(2)连续测定全部测点,并与水准点闭合。

3. 路基路面横坡测试

路基路面在中心线处建有路拱时,横坡的测定变得很困难,因为路拱是一个曲线,设计横坡则是指直线部分的横坡。测量时路基横坡是指路顶面的横坡,路面横坡是路面中心线与路面边缘高程之差对距离的比值。

对于无中央分隔带的公路路面横坡是指路拱两侧直线部分的坡度;对于有中央分隔带的公路路面横坡是指路面与中央分隔带交界处及路面边缘与路肩交界处两点的高程差与水平距离的比值,以%表示。其测定方法如下。

(1)对设有中央分隔带的路面:将水准仪架设在路面平顺处调平,将塔尺分别竖立在路面与中央分隔带分界的路缘带边缘 d_1 处及路面与路肩交界处(或外侧路缘石边缘)的标记 d_2 处,d_1 与 d_2 两测点必须在同一横断面上,测量 d_1 和 d_2 处的高程,记录高程读数,以米(m)表示,精确至0.001m。

(2)对无中央分隔带的路面:将水平仪架设在路面平顺处调平,将塔尺分别竖立在路拱曲线与直线部分的交界位置 d_1 处及路面与路肩(或硬路肩)的交界位置 d_2 处,d_1 与 d_2 两侧点必须在同一横断面上,测量 d_1 与 d_2 处的高程,记录高程读数,以米(m)表示,精确至0.001m。

(3)用钢尺测量两测点的水平距离,以米(m)表示,对高速公路及一级公路,精确至0.005m;对其他等级公路,精确至0.01m。

4. 路基路面宽度偏差测定

路基宽度是指行车道与路肩宽度之和,以m计;路面宽度包括行车道、路缘带、变速车道、爬坡车道、硬路肩和紧急停车带的宽度,以m计。其测定方法如下。

用钢尺沿中心垂直方向上水平量取路基路面各部分的宽度,以米(m)表示,对高速公路及一级公路,精确至0.005m;对其他等级公路,精确至0.01m。测量时量尺应保持水平,不得将尺紧贴路面量取,也不得使用皮尺。

5. 路基路面中线编位测试

路面中线偏位是指路面实际中心线偏离设计中心线的距离,以毫米(mm)计。中线偏位的测试方法如下。

(1)对于有中线坐标的道路:首先从设计资料中查出待测点 P 的设计坐标,用经纬仪对该设计坐标进行放样,并对放样点 P' 做好标记,量取 PP' 的长度,即为中线平面偏位 Δ_{CL},以毫米(mm)表示。对高速公路及一级公路,精确至5mm;对其他等级公路,精确至10mm。

(2)对于无中线坐标的低等级道路:应首先恢复交点或转点,实测偏角和距离,然后采用链距法、切线支距法或偏角法等传统方法敷设道路中线的设计位置,量取设计位置与施工位置之间的距离,即为中线平面偏位 Δ_{CL},以毫米(mm)表示,精确至10mm。

(三)数据计算与处理

1. 路基路面纵断面高程

按式(1-11)计算各个断面的实测高程 h_{1i} 与设计高程 h_{0i} 之差。

$$\Delta h = h_{1i} - h_{0i} \tag{1-11}$$

式中：h_{1i}——各断面的纵断面高程实测，m；

h_{0i}——各断面的纵断面设计高程，m；

Δh——各断面的路面高程和设计高程的差值，m。

2. 路基路面横坡

各测定断面的路面横坡 i_i 按式(1-12)计算，精确至一位小数。按式(1-13)计算实测横坡 i_{1i} 与设计横坡 i_{0i} 之差 Δi_i。

$$i_i = \frac{h_{d1} - h_{d2}}{B_i} \tag{1-12}$$

$$\Delta i_i = i_{1i} - i_{0i} \tag{1-13}$$

式中：h_{d1}、h_{d2}——各断面测点 d_1 与 d_2 处的高程读数，m；

i_{1i}——各测定断面的横坡，%；

B_i——各断面测点 d_1 与 d_2 之间的水平距离，m；

i_{0i}——各断面的设计横坡，%；

Δi_i——各断面的横坡和设计横坡的差值，%。

3. 路基路面宽度偏差

按式(1-14)计算各个断面的实测宽度 B_{1i} 与设计宽度 B_{0i} 之差，总宽度为路基路面各部分宽度之和：

$$\Delta B = B_{1i} - B_{0i} \tag{1-14}$$

式中：B_{1i}——各断面的实测宽度，m；

B_{0i}——各断面的设计宽度，m；

ΔB——各断面的宽度和设计宽度的差值，m。

4. 检测路段数据整理

依据实测记录，将路基路面几何尺寸检测结果汇总，按《公路路基路面现场测试规程》(JTG E60—2008)附录 B：检测路段数据整理方法计算一个评定路段内各测定断面的宽度、高程、横坡以及中线偏位的平均值、标准差、变异系数，但加宽及超高部分的测定值不参加计算。

(四)检测记录与报告

(1)以评定路段为单位列出桩号及宽度、高程、横坡，依据中线偏位测定的结果，记录平均值、标准差、变异系数，注明不符合规范及设计要求的断面。

(2)纵断面高程测试报告中应报告实测高程与设计高程的差值，低于设计高程为负，高于设计高程为正。

(3)路面横坡测试报告中应报告实测横坡与设计横坡的差值，小于设计横坡为负值，大于设计横坡为正值。

学习领域:道路工程检测

学习情境 1　路基土石方工程质量检测与评定	班级			
工作任务 1.4　**路基路面几何尺寸检测**	姓名		学号	
	日期		评分	

一、任务内容

分组进行路基路面几何尺寸测试,并填写试验检测记录表和编制试验检测报告。

二、基本知识

1. 路基路面在施工过程中、_____及_____中,都需要检测路基路面各部分的几何尺寸,保证其符合规范及其规定要求。

2. 土方路基几何尺寸实测项目有_____。

三、任务实施

1. 路基路面几何尺寸测试所需仪具与材料:

2. 路基路面几何尺寸测试现场的准备工作:

3. 路基路面几何尺寸测试步骤:

4. 填写试验检测记录表:

5. 编制试验检测报告:

四、任务小结

通过此工作任务的实施,各小组集中完成下述工作。

1. 你认为本次实训是否达到预期目的?还有什么意见和建议?

2. 路基路面几何尺寸测试需要哪些仪具和材料?应如何测定?

工作任务1.5　土基现场CBR值测试

 **任务概述**

1. 应知应会

（1）了解土基现场CBR值测试的目的及适用范围；熟悉土基现场CBR值测试准备工作和测试步骤。

（2）会进行土基现场CBR值测试的检测操作，数据计算与处理，填写试验检测记录表，编制试验检测报告。

2. 学习要求

（1）研读教材内容。

（2）查阅《公路路基路面现场测试规程》（JTG E60—2008）中 T 0941—2008 土基现场 CBR 值测试方法。

（3）重视理论联系实际。

 相关知识

承载比（CBR）试验又称加州承载比（California Bearing Ration 简称 CBR）试验，由美国加利福尼亚州公路局首先提出，是评定土基及路面基层材料强度的一种方法。由于该法简便，试验数据稳定，因而被许多国家采用。承载比（CBR）试验分室内 CBR 试验和土基现场 CBR 值测试。

室内 CBR 试验是《公路土工试验规程》（JTG E40—2007）规定的承载比（CBR）试验，适用于各种路基土和路面基层、底基层材料。试件按标准重型击实试验求得的最佳含水率，在 $\phi 150 \times 120mm$ 的试模中成型，然后浸水 4 昼夜，使试件充分吸水，以使试验时的状态接近于路基土将来可能遭遇到的最恶劣状态，饱水后进行贯入试验，测定结果应作为选用路基填料和强度设计的依据。为了合理地选择路基填料，确保路基的强度和稳定性，在路基施工之前，必须对所用填料进行 CBR 试验。

土基现场 CBR 值测试是《公路路基路面现场测试规程》（JTG E60—2008）规定的土基现场 CBR 值测试方法，土基现场 CBR 值测试贯入试验直接在土基顶面进行，因土基的含水率和压实度差异较大，因此 CBR 值有较大的离散性，由于试件未经浸水，贯入试验程序、CBR 值计算方法与室内 CBR 试验相同，测定结果作为在施工条件下土基相对强弱的指标。

所谓 CBR 值，是指试料贯入量达 2.5mm 时，单位压力对标准碎石压入相同贯入量时标准荷载强度的比值。

土基现场 CBR 值测试方法适用于在公路现场测定各种土基材料的现场 CBR 值，同时也适合于基层、底基层砂类土、天然砂砾、级配碎石等材料 CBR 值的测定。

 任务实施

（一）仪具与材料

（1）荷重装置：装载有铁块或集料等重物的载货汽车，后轴重不小于 60kN，在汽车大梁的后轴之后设有一加劲横梁作反力架用。

(2)现场测试装置:如图1-3所示,由千斤顶(机械或液压)、测力计(测力环或压力表)及球座组成。千斤顶可使贯入杆的贯入速度调节成1mm/min。测力计的容量不小于土基强度,测定精度不小于测力计量程的1/100。

(3)贯入杆:直径φ50mm,长约200mm的金属圆柱体。

(4)承载板:每块1.25kg,直径φ150mm,中心孔眼直径φ52mm,不小于4块,并沿直径分为两个半圆块,如图1-4所示。

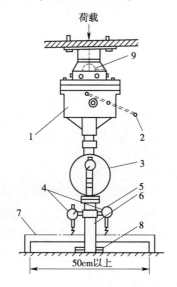

图1-3 CBR现场测试装置
1-加载装置;2-手柄;3-测力计;4-贯入量测定装置(百分表);5-百分表夹持具;6-贯入杆;7-平台;8-承载板;9-球座

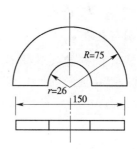

图1-4 荷载板(尺寸单位:mm)

(5)贯入量测定装置:由图1-3中所示的平台及百分表组成,百分表量程20mm,精度0.01mm,数量2个,对称固定于贯入杆上,端部与平台接触,平台跨度不小于50cm。此设备也可用两台贝克曼梁弯沉仪代替。

(6)细砂:洁净干燥的细砂,粒径为0.3~0.6mm。

(7)其他:铁铲、盘、直尺、毛刷、天平等。

(二)方法与步骤

1. 准备工作

(1)将试验地点直径约30cm范围的表面找平,用毛刷刷净浮土。如表面为粗粒土时,应撒布少许洁净的干砂填平,但不能覆盖全部土基,避免形成一层。

(2)装置测试设备,按图1-3设置贯入杆及千斤顶,千斤顶顶在汽车后轴上且调节至高度适中,贯入杆应与土基表面紧密接触。

(3)安装贯入量测定装置,将支架平台、百分表(或两台贝克曼梁弯沉仪)按图1-3安装好。

2. 测试步骤

(1)在贯入杆位置安放4块1.25kg的分开成半圆的承载板(共5kg)。

(2)试验贯入前,先在贯入杆上施加45N荷载后,将测力计及贯入量百分表调零,记录初始读数。

(3)启动千斤顶,使贯入杆以1mm/min的速度压入土基,当相应贯入量为0.5mm、1.0mm、1.5mm、2.0mm、2.5mm、3.0mm、4.0mm、5.0mm、6.5mm、10.0mm及11.5mm时,分别读取测力计读数。根据情况,也可在贯入量达6.5mm时结束试验。

用千斤顶连续加载,两个贯入量百分表及测力计均应在同一时刻读数。当两个百分表读数差值不超过平均值的30%时,以其平均值作为贯入量;当两个百分表读数差值超过平均值的30%时,应停止试验。

(4)卸除荷载,移去测定装置。

(5)在试验点下取样,测定材料含水率。取样数量如下:

最大粒径不大于4.75mm,试样数量约120g;

最大粒径不大于19.0mm,试样数量约250g;

最大粒径不大于31.5mm,试样数量约500g。

(6)在紧靠试验点旁边的适当位置,用灌砂法或环刀法等测定土基的密度。

(三)数据计算与处理

(1)将贯入试验得到的各等级荷载数除以贯入断面积($19.625cm^2$),得各级压强(MPa),绘制荷载压强—贯入量曲线,如图1-5所示。当图1-5中曲线2所示有明显下凹的情况时,应在曲线的拐弯处作切线延长进行贯入量修正,以与坐标轴相交的点O'作原点,得到修正后的压强—贯入量曲线1。

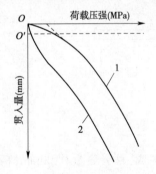

图1-5 荷载压强—贯入量关系曲线

(2)从压强—贯入量曲线上读取贯入量为2.5mm及5.0mm时的荷载压强P_1,按式(1-15)计算现场CBR值。CBR一般以贯入量2.5mm时的测定值为准,当贯入量为5.0mm时的CBR大于贯入量为2.5mm时的CBR时,应重新试验。如重新试验仍然如此时,则以贯入量5.0mm的CBR为准。

$$CBR(\%) = \frac{P_1}{P_0} \times 100 \tag{1-15}$$

式中:P_1——荷载压强,MPa;

P_0——标准压强,当贯入量为2.5mm时为7MPa,当贯入量为5.0mm时为10.5MPa。

(四)检测记录与报告

试验报告应包括的内容有:

(1)土基含水率(%)。

(2)测点的干密度(g/cm^3)。

(3)现场CBR值及相应的贯入量。

学习领域:道路工程检测

学习情境1 路基土石方工程质量检测与评定	班级			
工作任务1.5 土基现场CBR值测试	姓名		学号	
	日期		评分	

一、任务内容

分组进行土基现场CBR值测试,并填写试验检测记录表和编制试验检测报告。

二、基本知识

1. 承载比(CBR)试验分_____和_____。

2. 室内CBR试验是《公路土工试验规程》(JTG E40—2007)规定的承载比(CBR)试验,测定结果应作为_____和_____的依据。为了合理地选择路基填料,确保路基的强度和稳定性,在路基施工之前,必须对所用填料进行CBR试验。

3. 土基现场CBR值测试是《公路路基路面现场测试规程》(JTG E60—2008)规定的土基现场CBR值测试方法,测定结果作为_____。

4. 土基现场CBR值测试方法适用于在公路现场测定各种土基材料的现场CBR值,同时也适合于_____、_____、_____等材料CBR值的测定。

三、任务实施

1. 土基现场CBR值测试所需仪具与材料:

2. 土基现场CBR值测试的准备工作:

3. 土基现场CBR值测试步骤:

4. 填写试验检测记录表:

5. 编制试验检测报告:

四、任务小结

通过此工作任务的实施,各小组集中完成下述工作。

1. 你认为本次实训是否达到预期目的?还有什么意见和建议?

2. 土基现场CBR值测试应注意的问题有哪些?

工作任务1.6 石方路基质量评定

1. 应知应会

(1) 了解石方路基的实测项目。

(2) 熟悉路基石方工程一般规定;石方路基的实测项目。

(3) 掌握石方路基的实测关键项目。

2. 学习要求

(1) 研读教材内容。

(2) 查阅《公路工程质量检验评定标准》(JTG F80/1—2004)中第4章。

(3) 重视理论联系实际。

石方路基的实测项目技术指标的规定值或允许偏差按高速公路、一级公路和其他公路(指二级及以下公路)两档设定。

《公路工程质量检验评定标准》(JTG F80/1—2004)规定的实测项目的检查频率,如果检查路段以延米计时,则为双车道公路每一检查段内的最低检查频率;多车道公路必须按车道数与双车道之比,相应增加检查数量。

路基压实度须分层检测,并符合《公路工程质量检验评定标准》(JTG F80/1—2004)附录B的规定。路基其他检查项目均在路基顶面进行检查测定。

1. 基本要求

(1) 石方路堑的开挖宜采用光面爆破法。爆破后应及时清理险石、松石,确保边坡安全、稳定。

(2) 修筑填石路堤时应进行地表清理,逐层水平填筑石块,摆放平稳,码砌边部。填筑层厚度及石块尺寸应符合设计和施工规范规定,填石空隙用石渣、石屑嵌压稳定。上、下路床填料和石料最大尺寸应符合规范规定。采用振动压路机分层碾压,压至填筑层顶面石块稳定,18t以上压路机振压两遍无明显高程差异。

(3) 路基表面应整修平整。

2. 实测项目

石方路基实测项目见表1-6。

3. 外观鉴定

(1) 上边坡不得有松石。不符合要求时,每处减1~2分。

(2) 路基边线直顺,曲线圆滑。不符合要求时,单向累计长度每50m减1~2分。

4. 质量保证资料

(1) 分项工程开工报告(含施工方案)。

(2) 分项工程施工放样报验资料。

石方路基实测项目　　　　　　表 1-6

项次	检查项目		规定值或允许偏差		检查方法和频率	权值
			高速公路、一级公路	其他公路		
1	压实		层厚和碾压遍数符合要求		查施工记录	3
2	纵断高程(mm)		+10,-20	+10,-30	水准仪:每200m测4个断面	2
3	中线偏位(mm)		50	100	经纬仪:每200m测4点,弯道加HY、YH两点	2
4	宽度(mm)		不小于设计要求		米尺:每200m测4处	2
5	平整度(mm)		20	30	3m直尺:每200m测2处×10尺	2
6	横坡(%)		±0.3	±0.5	水准仪:每200m测4个断面	1
7	边坡	坡度	不陡于设计值		每200m抽查4处	1
		平顺度	符合设计要求			

注:土石混填路基压实度或固体体积率可根据实际可能进行检验,其他检测项目与石方路基相同。

(3)分项工程原材料检验资料。
(4)分项工程现场质量检验资料。
(5)分项工程中间交工资料。

 任务工作单

学习领域:道路工程检测

学习情境1　路基土石方工程质量检测与评定 工作任务1.6　石方路基质量评定	班级	
	姓名	学号
	日期	评分

一、任务内容
分组进行石方路基质量评定,并填写分项工程质量检验评定表。
二、基本知识
1.石方路基的实测项目技术指标的规定值或允许偏差按＿＿＿＿＿＿和＿＿＿＿＿＿两档设定。
2.路肩工程可作为＿＿＿＿＿＿的一个分项工程进行检查评定。
三、任务实施
1.石方路基的基本要求检查:

2.石方路基的实测项目检查:

3. 石方路基的外观鉴定,不符合要求时应如何扣分?

4. 石方路基的质量保证资料有哪些?不齐全时应如何扣分?

5. 填写分项工程质量检验评定表:
(见石方路基分项工程质量检验评定表)
四、任务小结
通过此工作任务的实施,各小组集中完成下述工作。
1. 你认为本次实训是否达到预期目的?还有什么意见和建议?

2. 石方路基的实测项目的计分、分项工程得分、分项工程评分及等级评定方法:

工作任务1.7 软土地基质量评定

 任务概述

1. 应知应会
(1)了解软土地基的基本要求。
(2)熟悉软土地基的实测项目。
(3)掌握软土地基的实测关键项目。
2. 学习要求
(1)研读教材内容。
(2)查阅《公路工程质量检验评定标准》(JTG F80/1—2004)中第4章。
(3)重视理论联系实际。

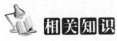 **相关知识**

软土地基是由软土构成的地基,其土壤成分主要是软土。它在工程上属于一种不良地基。

软土是指沿海的滨海相、三角洲相、内陆平原或山区的河流相、湖泊相、沼泽相等主要由细粒土组成的土,具有孔隙比大(一般大于 1)、天然含水率高(接近或大于液限)、压缩性高($\alpha_{1-2} > 0.5 \text{MPa}^{-1}$)和强度低的特点,多数还具有高灵敏度的结构性,主要包括淤泥、淤泥质黏性土、淤泥质粉土、泥炭、泥炭质土等。

 任务实施

1. 基本要求

(1)换填地基的填筑压实要求同《公路工程质量检验评定标准》(JTG F80/1—2004)中 4.2 土方路基。

(2)砂垫层:砂的规格和质量必须符合设计要求和规范规定;适当洒水,分层压实;砂垫层宽度应宽出路基边脚 0.5~1.0m,两侧端以片石护砌;砂垫层厚度及其上铺设的反滤层应符合设计要求。

(3)反压护道:填筑材料、护道高度、宽度应符合设计要求,压实度不低于 90%。

(4)袋装砂井、塑料排水板:砂的规格、质量、砂袋织物质量和塑料排水板质量必须符合设计要求;砂袋和塑料排水板下沉时不得出现扭结、断裂等现象;井(板)底标必须符合设计要求,其顶端必须按规范要求伸入砂垫层。

(5)碎石桩:碎石材料应符合设计要求;应严格按试桩结果控制电流和振冲器的留振时间,分批加入碎石,注意振密挤实效果,防止发生"断桩"或"颈缩桩"。

(6)砂桩:砂料应符合规定要求;砂的含水率应根据成桩方法合理确定;应确保桩体连续、密实。

(7)粉喷桩:水泥应符合设计要求;根据成桩试验确定的技术参数进行施工;严格控制喷粉时间、停粉时间和水泥喷入量,不得中断喷粉,确保粉喷桩长度;桩身上部范围内必须进行二次搅拌,确保桩身质量;发现喷粉量不足时,应整桩复打;喷粉中断时,复打重叠孔段应大于 1m。

(8)软土地基上的路堤,应在施工过程中进行沉降观测和稳定性观测,并根据观测结果对路堤填筑速率和预压期等做出必要调整。

2. 实测项目

软土地基施工实测项目见表 1-7~表 1-10。

砂垫层实测项目　　　　　　　表 1-7

项次	检查项目	规定值或允许偏差	检查方法和频率	权值
1	砂垫层厚度	不小于设计值	每 200m 检查 4 处	3
2	砂垫层宽度	不小于设计值	每 200m 检查 4 处	1
3	反滤层设置	符合设计要求	每 200m 检查 4 处	1
4	压实度(%)	90	每 200m 检查 4 处	2

袋装砂井、塑料排水板实测项目　　　　　　　　　　　　表1-8

项次	检查项目	规定值或允许偏差	检查方法和频率	权值
1	井(板)间距(mm)	±150	抽查2%	2
2	井(板)长度	不小于设计值	查施工记录	3
3	竖直度(%)	1.5	查施工记录	2
4	砂井直径(mm)	+10,0	挖验2%	1
5	灌砂量(%)	−5	查施工记录	2

碎石桩(砂桩)实测项目　　　　　　　　　　　　表1-9

项次	检查项目	规定值或允许偏差	检查方法和频率	权值
1	桩距(mm)	±150	抽查2%	1
2	桩径(mm)	不小于设计值	抽查2%	2
3	桩长(m)	不小于设计值	查施工记录	3
4	竖直度(%)	1.5	查施工记录	2
5	灌石(砂)量	不小于设计值	查施工记录	2

粉喷桩实测项目　　　　　　　　　　　　表1-10

项次	检查项目	规定值或允许偏差	检查方法和频率	权值
1	桩距(mm)	±100	抽查2%	1
2	桩径(mm)	不小于设计值	抽查2%	2
3	桩长(m)	不小于设计值	查施工记录	3
4	竖直度(%)	1.5	查施工记录	1
5	单桩喷粉量	符合设计要求	查施工记录	3
6	强度(kPa)	不小于设计值	抽查5%	3

3.外观鉴定

砂垫层表面坑洼不平时,每处减1~2分。

4.质量保证资料

(1)分项工程开工报告(含施工方案)。
(2)分项工程施工放样报验资料。
(3)分项工程原材料检验资料。
(4)分项工程现场质量检验资料。
(5)分项工程中间交工资料。

学习领域：道路工程检测

学习情境1　路基土石方工程质量检测与评定 工作任务1.7　软土地基质量评定	班级			
	姓名		学号	
	日期		评分	

一、任务内容

分组进行软土地基质量评定，并填写分项工程质量检验评定表。

二、基本知识

1. 碎石桩在施工过程中，碎石需要分批加入，整个过程要注意振密挤实的效果，防止发生_____或_____。

2. 粉喷桩在施工过程中，要严格控制_____、停粉时间和_____，不得中断喷粉，确保粉喷桩长度；桩身上部范围内必须进行_____搅拌，确保桩身质量；发现喷粉量不足时，应整桩复打；喷粉中断时，复打重叠孔段应大于_____。

三、任务实施

1. 软土地基的基本要求检查：

2. 软土地基的实测项目检查：

3. 软土地基的外观鉴定，不符合要求时应如何扣分？

4. 软土地基的质量保证资料有哪些？不齐全时应如何扣分？

5. 填写分项工程质量检验评定表：

（见软土地基分项工程质量检验评定表）

四、任务小结

通过此工作任务的实施，各小组集中完成下述工作。

1. 你认为本次实训是否达到预期目的？还有什么意见和建议？

2. 软土地基的实测项目的计分、分项工程得分、分项工程评分及等级评定方法：

工作任务1.8　土工合成材料处治层质量评定

任务概述

1. 应知应会

(1)了解土工合成材料处治层的基本要求。

(2)熟悉土工合成材料处治层的实测项目。

(3)掌握土工合成材料处治层的实测关键项目。

2. 学习要求

(1)研读教材内容。

(2)查阅《公路工程质量检验评定标准》(JTG F80/1—2004)中第4章。

(3)重视理论联系实际。

相关知识

所谓的土工合成材料是一种功能性材料,主要功能为加强(加固)路基、疏水排流,离析过滤等。路基工程应用实践表明:应用土工合成材料可提高路基工程质量,使路基的一些问题处理简单化,有较大的经济效益和社会效益,可节省路基工程投资并改善环境与生态。

任务实施

1. 基本要求

(1)土工合成材料质量应符合设计要求,无老化,外观无破损,无污染。

(2)土工合成材料应紧贴下承层,按设计和施工要求铺设、张拉、固定。

(3)土工合成材料的接缝搭接、黏结强度和长度应符合设计要求,上、下层土工合成材料搭接缝应交替错开。

2. 实测项目

土工合成材料施工实测项目见表1-11~表1-14。

加筋工程土工合成材料实测项目　　　　表1-11

项次	检查项目	规定值或允许偏差	检查方法和频率	权值
1	下承层平整度、拱度	符合设计施工要求	每200m检查4处	1
2	搭接宽度(mm)	+50,0	抽查2%	2
3	搭接缝错开距离(mm)	符合设计施工要求	抽查2%	2
4	锚固长度(mm)	符合设计施工要求	抽查2%	3

隔离工程土工合成材料实测项目　　　　表1-12

项次	检查项目	规定值或允许偏差	检查方法和频率	权值
1	下承层平整度、拱度	符合设计施工要求	每200m检查4处	1
2	搭接宽度(mm)	+50,0	抽查2%	2
3	搭接缝错开距离(mm)	符合设计施工要求	抽查2%	2
4	搭接处透水点	不多于1个点	每缝	3

过滤排水工程土工合成材料实测项目　　　　表 1-13

项次	检查项目	规定值或允许偏差	检查方法和频率	权值
1	下承层平整度、拱度	符合设计施工要求	每200m检查4处	1
2	搭接宽度(mm)	+50,0	抽查2%	3
3	搭接缝错开距离(mm)	符合设计施工要求	抽查2%	3

防裂工程土工合成材料实测项目　　　　表 1-14

项次	检查项目	规定值或允许偏差	检查方法和频率	权值
1	下承层平整度、拱度	符合设计施工要求	每200m检查4处	1
2	搭接宽度(mm)	≥50(横向) ≥150(纵向)	抽查2%	3
3	黏结力(N)	≥20	抽查2%	3

3. 外观鉴定

(1)土工合成材料重叠、皱折不平顺,每处减 1~2 分。

(2)土工合成材料固定处松动,每处减 1~2 分。

4. 质量保证资料

(1)分项工程开工报告(含施工方案)。

(2)分项工程施工放样报验资料。

(3)分项工程原材料检验资料。

(4)分项工程现场质量检验资料。

(5)分项工程中间交工资料。

任务工作单

学习领域:道路工程检测

学习情境1　路基土石方工程质量检测与评定 工作任务1.8　土工合成材料处治层质量评定	班级			
	姓名		学号	
	日期		评分	

一、任务内容

分组进行土工合成材料处治层质量评定,并填写分项工程质量检验评定表。

二、基本知识

1.所谓的土工合成材料是一种功能性材料,主要功能为_____、疏水排流、离析过滤等。

2.土工合成材料的接缝搭接、黏结强度和长度应符合设计要求,上、下层土工合成材料搭接缝应_____。

三、任务实施

1.土工合成材料处治层的基本要求检查:

2.土工合成材料处治层的实测项目检查：

3.土工合成材料处治层的外观鉴定，不符合要求时应如何扣分？

4.土工合成材料处治层的质量保证资料有哪些？不齐全时应如何扣分？

5.填写分项工程质量检验评定表：
（见土工合成材料处治层分项工程质量检验评定表）
四、任务小结
通过此工作任务的实施，各小组集中完成下述工作。
1.你认为本次实训是否达到预期目的？还有什么意见和建议？

2.土工合成材料处治层的实测项目的计分、分项工程得分、分项工程评分及等级评定方法：

学习情境2 排水工程质量检测与评定

情境概述

一、职业能力分析

通过本情境的学习,期望达到下列目标。

1. 专业能力

(1)了解分部工程排水工程的一般规定及质量评定内容。

(2)熟悉管道基础及管节安装、检查(雨水)井砌筑、浆砌排水沟等分项工程的实测项目。

(3)掌握水泥混凝土抗压强度、水泥砂浆强度的检测方法。

2. 社会能力

(1)通过分组活动,培养团队协作能力。

(2)通过规范文明操作,培养良好的职业道德和安全环保意识。

(3)通过小组讨论、上台演讲评述,培养表达沟通能力。

3. 方法能力

(1)通过查阅资料、文献,培养个人自学能力和获取信息能力。

(2)通过情境化的任务单元活动,掌握解决实际问题的能力。

(3)填写任务工作单,制订工作计划,培养工作方法能力。

(4)能独立使用各种媒体完成工作任务。

二、学习情境描述

排水工程是为防止和控制路基受水侵害而设置的拦截引排地表水(降水及雨雪形成的地面径流)及地下水(上层滞水、潜水及层间水等)的系统,应按设计要求及施工规范的要求施工,依照实际地形,选择合适的位置,将地面水和地下水排出路基以外,以保证路基稳定的工作状态。

排水工程是路基工程中的一般分部工程,包括管节预制、管道基础及管节安装、检查(雨水)井砌筑、土沟、浆砌排水沟、盲沟、跌水、急流槽、水簸箕、排水泵站等分项工程。

本学习情境主要介绍管道基础及管节安装、检查(雨水)井砌筑、浆砌排水沟质量评定,以及水泥混凝土抗压强度、水泥砂浆强度的检测方法、数据处理与结果评定。

本学习情境划分为5个工作任务,主要内容包括:管道基础及管节安装质量评定、检查(雨水)井砌筑质量评定、浆砌排水沟质量评定、水泥混凝土抗压强度检测、水泥砂浆强度检测。

三、教学环境要求

本学习情境要求在道路检测实训基地完成,配备5个工作任务需用的仪具与材料分别各4套,同时提供实训基地道路工程概况,相关设备的使用说明书,《公路工程质量检验评定标准》(JTG F80/1—2004)各4本;可以用于资料查询的电脑、任务工作单、分项工程质量检验评定表、试验检测记录表,试验检测报告表,多媒体教学设备、课件和视频教学资料等。

学生分成4个小组,各组独立完成相关的工作任务,并在教学完成后提交任务工作单和试验检测记录表、试验检测报告。

工作任务2.1　管道基础及管节安装质量评定

 任务概述

1. 应知应会

(1)了解管道基础及管节安装的一般规定。
(2)熟悉管道基础及管节安装的实测项目。
(3)掌握管道基础及管节安装的实测关键项目。

2. 学习要求

(1)研读教材内容。
(2)查阅《公路工程质量检验评定标准》(JTG F80/1—2004)中第4章。
(3)重视理论联系实际。

 相关知识

管道的基础分为地基、基础和管座三个部分。

地基是指沟槽底的土壤部分。它承受管子和基础的重量、管内水重、管上土压力和地面上的荷载。

基础是指管子与地基间的设施。有时地基强度较低,不足以承受上面的压力时,要靠基础增加地基的受力面积,把压力均匀地传给地基。

管座是指基础与管子下侧之间的部分,使管子与基础连成一个整体,以增加管道的刚度。

所谓管节安装是指将已经预制好的管节进行安装。

 任务实施

1. 基本要求

(1)管材必须逐节检查,不得有裂缝、破损。
(2)基础混凝土强度达到5MPa以上时,方可进行管节铺设。

(3)管节铺设应平顺、稳固,管底坡度不得出现反坡,管节接头处流水面高差不得大于5mm。管内不得有泥土、砖石、砂浆等杂物。

(4)管道内的管口缝,当管径大于750mm时,应在管内作整圈勾缝。

(5)管口内缝砂浆平整密实,不得有裂缝、空鼓现象。

(6)抹带前,管口必须洗刷干净,管口表面应平整密实,无裂缝现象。抹带后应及时覆盖养生。

(7)设计中要求防渗漏的排水管须作渗漏试验,渗漏量应符合要求。

2. 实测项目

管道基础及管节安装实测项目见表2-1。

管道基础及管节安装实测项目　　　　　　表2-1

项次	检查项目		规定值或允许偏差	检查方法和频率	权值
1△	混凝土抗压强度或砂浆强度(MPa)		在合格标准内	按《公路工程质量检验评定标准》(JTG F80/1—2004)附录D、F检查	3
2	管轴线偏位(mm)		15	经纬仪或拉线:每两井间测3处	2
3	管内底高程(mm)		±10	水准仪:每两井间测2处	2
4	基础厚度(mm)		不小于设计值	尺量:每两井间测3处	1
5	管座	肩宽(mm)	+10,-5	尺量、挂边线:每两井间测2处	1
		肩高(mm)	±10		
6	抹带	宽度	不小于设计值	尺量:按10%抽查	2
		厚度	不小于设计值		

3. 外观鉴定

(1)管道基础混凝土表面平整密实,侧面蜂窝不得超过该表面积的1%,深度不超过10mm。不符合要求时,减1~3分。

(2)管节铺设直顺,管口缝带圈平整密实,无开裂脱皮现象。不符合要求时,每处减1~2分。

(3)抹带接口表面应密实光洁,不得有间断和裂缝、空鼓。不符合要求时,每处减1~2分。

4. 质量保证资料

(1)分项工程开工报告(含施工方案)。

(2)分项工程施工放样报验资料。

(3)分项工程原材料检验资料。

(4)分项工程现场质量检验资料。

(5)分项工程中间交工资料。

任务工作单

学习领域：道路工程检测

学习情境 2　排水工程质量检测与评定	班级			
工作任务 2.1　管道基础及管节安装质量评定	姓名		学号	
	日期		评分	

一、任务内容
分组进行管道基础及管节安装质量评定，并填写分项工程质量检验评定表。
二、基本知识
1.管道的基础分为_____、_____和_____三个部分。
2.管道基础及管节安装实测项目中的实测关键项目是_____。
三、任务实施
1.管道基础及管节安装的基本要求检查：

2.管道基础及管节安装的实测项目检查：

3.管道基础及管节安装的外观鉴定，不符合要求时应如何扣分？

4.管道基础及管节安装的质量保证资料有哪些？不齐全时应如何扣分？

5.填写分项工程质量检验评定表：
（见管道基础及管节安装分项工程质量检验评定表）
四、任务小结
通过此工作任务的实施，各小组集中完成下述工作。
1.你认为本次实训是否达到预期目的？还有什么意见和建议？

2.管道基础及管节安装的实测项目的计分、分项工程得分、分项工程评分及等级评定方法：

工作任务2.2 检查(雨水)井砌筑质量评定

任务概述

1. 应知应会

(1)了解检查(雨水)井砌筑的一般规定。
(2)熟悉检查(雨水)井砌筑的实测项目。
(3)掌握检查(雨水)井砌筑的实测关键项目。

2. 学习要求

(1)研读教材内容。
(2)查阅《公路工程质量检验评定标准》(JTG F80/1—2004)中第4章。
(3)重视理论联系实际。

相关知识

检查井为在地下管线位置上每隔一定距离修建的竖井,主要供检修管道、清除污泥及用以连接不同方向、不同高度的管线使用。

雨水井,其侧面有孔与排水管道相连,底部有向下延伸的渗水管,可将雨水向地下补充并使多余的雨水经排水管道排走,减缓地面沉降及防止暴雨时路面被淹泡,井中尚有篮筐,可拦截污物防止堵塞排水管道,并便于清理。

任务实施

1. 基本要求

(1)井基混凝土强度达到5MPa时,方可砌筑井体。
(2)砌筑砂浆配合比准确,井壁砂浆饱满,灰缝平整。圆形检查井内壁应圆顺,抹面密实光洁,踏步安装牢固。
(3)井框、井盖安装必须平稳,井口周围不得有积水。

2. 实测项目

检查(雨水)井砌筑实测项目见表2-2。

检查(雨水)井砌筑实测项目　　　　表2-2

项次	检 查 项 目	规定值或允许偏差		检查方法和频率	权值
1△	砂浆强度(MPa)	在合格标准内		按《公路工程质量检验评定标准》(JTG F80/1—2004)附录F检查	3
2	轴线偏位(mm)	50		经纬仪;每个检查井检查	1
3	圆井直径或方井长、宽(mm)	±20		尺量;每个检查井检查	1
4	井底高程(mm)	±15		水准仪;每个检查井检查	1
5	井盖与相邻路面高差(mm)	雨水井	0,-4	水准仪、水平尺;每个检查井检查	2
		检查井	0,+4		

3. 外观鉴定

(1)井内砂浆抹面无裂缝。不符合要求时,减1~2分。

(2)井内平整圆滑,收分均匀。不符合要求时,减1~2分。

4. 质量保证资料

(1)分项工程开工报告(含施工方案)。

(2)分项工程施工放样报验资料。

(3)分项工程原材料检验资料。

(4)分项工程现场质量检验资料。

(5)分项工程中间交工资料。

任务工作单

学习领域:道路工程检测

学习情境2　排水工程质量检测与评定	班级			
	姓名		学号	
工作任务2.2　检查(雨水)井砌筑质量评定	日期		评分	

一、任务内容

分组进行检查(雨水)井砌筑质量评定,并填写分项工程质量检验评定表。

二、基本知识

1. 检查(雨水)井的井基混凝土强度达到_____时,方可砌筑井体。

2. 检查(雨水)井砌筑实测项目中的实测关键项目是_____。

三、任务实施

1. 检查(雨水)井砌筑的基本要求检查:

2. 检查(雨水)井砌筑的实测项目检查:

3. 检查(雨水)井砌筑的外观鉴定,不符合要求时应如何扣分?

4. 检查(雨水)井砌筑的质量保证资料有哪些?不齐全时应如何扣分?

5. 填写分项工程质量检验评定表:

(见检查(雨水)井砌筑分项工程质量检验评定表)

四、任务小结

通过此工作任务的实施,各小组集中完成下述工作。

1. 你认为本次实训是否达到预期目的?还有什么意见和建议?

2. 检查(雨水)井砌筑的实测项目的计分、分项工程得分、分项工程评分及等级评定方法:

工作任务 2.3　浆砌排水沟质量评定

任务概述

1. 应知应会

(1)了解浆砌排水沟的一般规定。

(2)熟悉浆砌排水沟的实测项目。

(3)掌握浆砌排水沟的实测关键项目。

2. 学习要求

(1)研读教材内容。

(2)查阅《公路工程质量检验评定标准》(JTG F80/1—2004)中第4章。

(3)重视理论联系实际。

相关知识

浆砌排水沟的施工工艺流程主要有:施工放样、基槽开挖、清底报验、片石砌筑、勾缝养生、砂浆试验和报请检验。

任务实施

1. 基本要求

(1)砌体砂浆配合比准确,砌缝内砂浆均匀饱满,勾缝密实。

(2)浆砌片(块)石、混凝土预制块的质量和规格应符合设计要求。

(3)基础中缩缝应与墙身缩缝对齐。

(4)砌体抹面应平整、压光、直顺,不得有裂缝、空鼓现象。

2. 实测项目

浆砌排水沟实测项目见表2-3。

浆砌排水沟实测项目　　　　　　　　　　表2-3

项次	检查项目	规定值或允许偏差	检查方法和频率	权值
1△	砂浆强度(MPa)	在合格标准内	按《公路工程质量检验评定标准》(JTG F80/1—2004)附录F检查	3
2	轴线偏位(mm)	50	经纬仪或尺量:每200m测5处	1
3	沟底高程(mm)	+15	水准仪:每200m测5点	2
4	墙面直顺度(mm)或坡度	30 或不陡于设计	20m拉线、坡度尺:每200m测2处	1
5	断面尺寸(mm)	±30	尺量:每200m测2处	2
6	铺砌厚度(mm)	不小于设计值	尺量:每200m测2处	1
7	基础垫层宽、厚(mm)	不小于设计值	尺量:每200m测2处	1

3. 外观鉴定

(1)砌体内侧及沟底应平顺。不符合要求时,减1~2分。

(2)沟底不得有杂物。不符合要求时,减1~2分。

4. 质量保证资料

（1）分项工程开工报告（含施工方案）。
（2）分项工程施工放样报验资料。
（3）分项工程原材料检验资料。
（4）分项工程现场质量检验资料。
（5）分项工程中间交工资料。

 任务工作单

学习领域：道路工程检测

学习情境2 排水工程质量检测与评定 工作任务2.3 浆砌排水沟质量评定	班级		
	姓名		学号
	日期		评分

一、任务内容
分组进行浆砌排水沟筑质量评定，并填写分项工程质量检验评定表。
二、基本知识
1. 浆砌排水沟的施工工艺流程主要有：_____、基槽开挖、清底报验、_____、_____、砂浆试验和报请检验。
2. 浆砌排水沟实测项目中的实测关键项目是_____。
三、任务实施
1. 浆砌排水沟的基本要求检查：

2. 浆砌排水沟的实测项目检查：

3. 浆砌排水沟的外观鉴定，不符合要求时应如何扣分？

4. 浆砌排水沟的质量保证资料有哪些？不齐全时应如何扣分？

5. 填写分项工程质量检验评定表：
（见浆砌排水沟分项工程质量检验评定表）
四、任务小结
通过此工作任务的实施，各小组集中完成下述工作。
1. 你认为本次实训是否达到预期目的？还有什么意见和建议？

2. 浆砌排水沟的实测项目的计分、分项工程得分、分项工程评分及等级评定方法：

工作任务2.4 水泥混凝土抗压强度检测

1.应知应会

(1)了解水泥混凝土抗压强度检测方法的目的、适用范围和引用标准等。

(2)熟悉水泥混凝土抗压强度检测步骤等。

(3)掌握水泥混凝土抗压强度检测操作、数据处理等。

2.学习要求

(1)研读教材内容。

(2)查阅《公路工程水泥及水泥混凝土试验规程》(JTG E30—2005)中的"T 0553—2005水泥混凝土立方体抗压强度试验方法"等相关内容。

(3)重视理论联系实际。

本方法规定了测定水泥混凝土抗压极限强度的试件制作、养护方法及强度测定方法和步骤,检查水泥混凝土施工品质和确定混凝土的强度等级。本方法可用于确定水泥混凝土的强度等级,作为评定水泥混凝土品质的主要指标。

本方法适用于各类水泥混凝土立方体试件的极限抗压强度试验。

(一)仪具与材料

(1)振动台:频率(50±3)Hz,空载振幅约为0.5mm。

(2)搅拌机、试模、捣棒、抹刀等。

(3)压力机或万能试验机:应符合《公路工程水泥及水泥混凝土试验规程》(JTG E30—2005)T 0551中2.3条的规定。

(4)球座:应符合《公路工程水泥及水泥混凝土试验规程》(JTG E30—2005)T 0551中2.4条的规定。

(5)混凝土强度等级大于或等于C60时,试验机上、下压板之间应各垫一钢垫板,平面尺寸应不小于试件的承压面,其厚度至少为25mm。钢垫板应机械加工,其平面允许偏差±0.04mm;表面硬度大于或等于55HRC;硬化层厚度约5mm。试件周围应设置防崩裂网罩。

(二)试件制备与养护

(1)混凝土立方体抗压强度测定,以三个试件为一组。

(2)混凝土试件的尺寸按集料最大粒径选定,见表2-4。制作试件前,应将试模擦干净并在试模内表面涂一层脱模剂,再将混凝土拌和物装入试模成型。

(3)对于坍落度不大于70mm的混凝土拌和物,将其一次装入试模并高出试模表面,将试件移至振动台上,开动振动台振至混凝土表面出现水泥浆并无气泡向上冒时为止。振动时应防止试模在振动台上跳动。刮去多余的混凝土,用抹刀抹平,记录振动时间。

对于坍落度大于70mm的混凝土拌和物,将其分两层装入试模,每层厚度大致相等。用捣棒按螺旋方向从边缘向中心均匀插捣,次数一般每100cm²应不少于12次。用抹刀沿试模内壁插入数次,最后刮去多余混凝土并抹平。

混凝土试件的尺寸   表2-4

粗集料最大粒径(mm)	试件尺寸(mm)	结果乘以换算系数
31.5	100×100×100	0.95
40	150×150×150	1.00
63	200×200×200	1.05

(4)养护:按照试验目的不同,试件可采用标准养护。采用标准养护的试件成型后表面应覆盖,以防止水分蒸发,并在(20±5)℃的条件下静置1~2昼夜,然后编号拆模。拆模后的试件立即放入温度为(20±2)℃,湿度为95%以上的标准养护室进行养护,直至试验龄期28d。在标准养护室内试件应搁放在架上,彼此间隔为10~20mm,避免用水直接冲淋试件。当无标准养护室时,混凝土试件可在温度为(20±2)℃的不流动的$Ca(OH)_2$饱和溶液中养护。

(三)试验步骤

(1)至试验龄期时,自养护室取出试件,应尽快试验,避免其湿度变化。

(2)取出试件,检查其尺寸及形状,相对两面应平行。量出棱边长度,精确至1mm。试件受力截面积按其与压力机上下接触面的平均值计算。在破型前,保持试件原有湿度,在试验时擦干试件。

(3)以成型时侧面为上下受压面,试件中心应与压力机几何对中。

(4)强度等级小于C30的混凝土取0.3~0.5MPa/s的加荷速度;强度等级大于C30小于C60时,取0.5~0.8MPa/s的加荷速度;强度等级大于C60的混凝土取0.8~1.0MPa/s的加荷速度。当试件接近破坏而开始迅速变形时,应停止调整试验机的油门,直至试件破坏,记下破坏极限荷载$F(N)$。

(四)数据计算与处理

(1)混凝土立方体试件抗压强度按式(2-1)计算:

$$f_{cu} = \frac{F}{A} \tag{2-1}$$

式中:f_{cu}——混凝土立方体抗压强度,MPa;
　　　F——极限荷载,N;
　　　A——受压面积,mm²。

(2)以3个试件测值的算术平均值为测定值,计算精确至0.1MPa。三个测值中的最大值或最小值中如有一个与中间值之差超过中间值的15%,取中间值为测定值;如最大值和最小值与中间值之差均超过中间值的15%,则该组试验结果无效。

(3)混凝土强度等级小于C60时,非标准试件的抗压强度应乘以尺寸换算系数(表2-5),并应在报告中注明。当混凝土强度等级大于等于C60时,宜用标准试件,使用非标准试件时,换算系数由试验确定。

立方体抗压强度尺寸换算系数   表2-5

试件尺寸(mm)	尺寸换算系数
100×100×100	0.95
200×200×200	1.05

(五)检测记录与报告

试验报告应包括以下内容:
(1)要求检测的项目名称和执行标准。
(2)原材料的品种、规格和产地。
(3)仪器设备的名称、型号及编号。
(4)环境温度和湿度。
(5)水泥立方体抗压强度值。

(六)水泥混凝土抗压强度评定

(1)评定水泥混凝土的抗压强度,应以标准养生 28d 龄期的试件为准。试件为边长 150mm 的立方体。试件 3 件为 1 组,制取组数应符合下列规定:

①不同强度等级及不同配合比的混凝土应在浇筑地点或拌和地点分别随机制取试件。
②浇筑一般体积的结构物(如基础、墩台等)时,每一单元结构物应制取 2 组。
③连续浇筑大体积结构时,每 80~200m³ 或每一工作班应制取 2 组。
④上部结构,主要构件长 16m 以下应制取 1 组,16~30m 制取 2 组,31~50m 制取 3 组,50m 以上者不少于 5 组。小型构件每批或每工作班至少应制取 2 组。
⑤每根钻孔桩至少应制取 2 组;桩长 20m 以上者不少于 3 组;桩径大、浇筑时间很长时,不少于 4 组。如换工作班时,每工作班应制取 2 组。
⑥构筑物(小桥涵、挡土墙)每座、每处或每工作班制取不少于 2 组。当原材料和配合比相同并由同一拌和站拌制时,可几座或几处合并制取 2 组。
⑦应根据施工需要,另制取几组与结构物同条件养生的试件,作为拆模、吊装、张拉预应力、承受荷载等施工阶段的强度依据。

(2)水泥混凝土抗压强度的合格标准。

①试件大于或等于 10 组时,应以数理统计方法按下述条件评定:

$$R_n - K_1 S_n \geq 0.9R \tag{2-2}$$

$$R_{min} \geq K_2 R \tag{2-3}$$

式中:n——同批混凝土试件组数;
R_n——同批 n 组试件强度的平均值,MPa;
S_n——同批 n 组试件强度的标准差,MPa;
R——混凝土设计强度等级,MPa;
R_{min}——n 组试件中强度最低一组的值,MPa;
K_1、K_2——合格判定系数,见表 2-6。

K_1、K_2 的值　　　　表 2-6

n	10~14	15~24	≥25
K_1	1.70	1.65	1.60
K_2	0.9	0.85	

②试件小于 10 组时,可用非统计方法按下述条件进行评定:

$$R_n \geq 1.15R \tag{2-4}$$

$$R_{min} \geq 0.95R \tag{2-5}$$

(3)实测项目中,水泥混凝土抗压强度评为不合格时相应分项工程为不合格。

学习领域：道路工程检测

学习情境2 排水工程质量检测与评定 工作任务2.4 水泥混凝土抗压强度检测	班级			
	姓名		学号	
	日期		评分	

一、任务内容

分组进行水泥混凝土抗压强度检测，并填写水泥混凝土抗压强度检测记录和检测报告表。

二、基本知识

1.水泥混凝土抗压强度检测过程中，强度等级小于 C30 的混凝土取_____的加荷速度；强度等级大于 C30 小于 C60 时，取_____的加荷速度；强度等级大于 C60 的混凝土取_____的加荷速度。

2.水泥混凝土抗压强度的三个测值中，最大值或最小值如有一个与中间值之差超过中间值的_____，取中间值为测定值；如最大值和最小值与中间值之差均超过中间值的 15%，则该组试验结果_____。

三、任务实施

1.水泥混凝土抗压强度检测仪器设备有哪些？

2.水泥混凝土抗压强度检测的操作步骤如何？

3.水泥混凝土抗压强度检测的数据处理如何进行？

4.填写试验检测记录表：

（见 JJ 0501a 水泥混凝土抗压强度试验检测记录表 立方体）

5.编制试验检测报告：

（见 JB 010502 硬化后水泥混凝土性能试验检测报告）

四、任务小结

通过此工作任务的实施，各小组集中完成下述工作。

1.你认为本次实训是否达到预期目的？还有什么意见和建议？

2.水泥混凝土抗压强度如何评定？评定要点有哪些？

工作任务2.5 水泥砂浆强度检测

 任务概述

1. 应知应会

(1)了解水泥砂浆强度检测方法的目的、适用范围和引用标准等。

(2)熟悉水泥砂浆强度检测步骤等。

(3)掌握水泥砂浆强度检测操作、数据处理等。

2. 学习要求

(1)研读教材内容。

(2)查阅《公路工程水泥及水泥混凝土试验规程》(JTG E30—2005)中的 T 0570—2005 水泥砂浆立方体抗压强度试验方法等相关内容。

(3)重视理论联系实际。

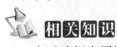

本试验规定了测定水泥砂浆抗压极限强度的方法,以确定水泥砂浆的强度等级,作为评定水泥砂浆品质的主要指标。

本试验适用于各类水泥砂浆的 70.7mm×70.7mm×70.7mm 立方体试件。

 任务实施

(一)仪具与材料

(1)试模为 70.7mm×70.7mm×70.7mm 立方体,由铸铁或钢制成,应具有足够的刚度并拆装方便。试模的内表面应机械加工,其不平度应为每 100mm 不超过 0.05mm,组装后各相邻面的不垂直度不应超过 ±0.5°。

(2)捣棒:直径 10mm、长 350mm 的钢棒,端部应磨圆。

(3)压力试验机:符合 JG/T 3020 中压力机的要求。

(4)垫板:试验机上、下压板及试件之间可垫以钢垫板,垫板的尺寸应大于试件的承压面,其不平度应为每 100mm 不超过 0.02mm。

(二)试件制备与养护

(1)制作砌筑砂浆试件时,将无底试模放在普通黏土砖上(砖的吸水率不小于 10%,含水率不大于 2%),试模内壁事先涂刷薄层机油或脱模剂。

(2)使用前预先在普通黏土砖上铺上吸水性较好的纸,如湿的新闻报纸(或其他未粘过胶凝材料的纸),纸的大小要以能盖过砖的四边为准。砖的使用面要求平整,凡砖四个垂直面粘过水泥或其他胶结材料后,不允许再使用。

(3)向试模内一次注满砂浆,用捣棒均匀地由外向里按螺旋方向插捣 25 次,为了防止低稠度砂浆插捣后可能留下孔洞,允许用油灰刀沿模壁插数次,使砂浆高出试模顶面 6~8mm。

(4)当砂浆表面开始出现麻斑状态时(15~30min),将高出部分的砂浆沿试模顶面削去抹平。

(5)试件制作后应在(20±5)℃温度环境下放置一昼夜[(24±2)h],当气温较低时,可适当延长时间,但不应超过两昼夜,然后对试件进行编号并拆模。试件拆模后,应在标准养护条件下继续养护至28d,然后进行抗压。

(6)标准养护的条件

①水泥混合砂浆:标准养护的条件为温度(20±2)℃,相对湿度60%~80%。

②水泥砂浆和微沫砂浆:标准养护的条件为温度(20±2)℃,相对湿度90%以上。

③养护期间,试件彼此间隔10mm以上。

(三)试验步骤

(1)试件从养护地点取出后,应尽快进行试验,以免试件内部的温、湿度发生显著变化。先将试件擦拭干净,测量尺寸,并检查其外观。试件尺寸测量精确至1mm,如果实测尺寸与公称尺寸之差不超过1mm,按公称尺寸进行计算。

(2)将试件安放在试验机的下压板上(或下垫板上),试件的承压面应与成型时的顶面垂直,试件中心应与试验机下压板(或下垫板)中心对准。

开动试验机,当上压板与试件(或下垫板)接近时,调整球座,使接触面均衡受压。承压试验应连续而均匀加荷,加荷速度为0.5~5kN/s(砂浆强度5MPa及5MPa以下时,取下限为宜,砂浆强度5MPa以上取上限为宜),保持试验机的油门,直至试件破坏。

(四)数据计算与处理

1. 立方体抗压强度

$$f_{m,cu} = \frac{F_u}{A} \tag{2-6}$$

式中:$f_{m,cu}$——砂浆立方体抗压强度,MPa;

F_u——破坏荷载,N;

A——试件承压面积,mm²。

2. 结果处理

以6个试件的算术平均值作为该组试件的抗压强度,精确至0.1MPa。

(五)检测记录与报告

试验报告应包括以下内容:

(1)要求检测的项目名称、执行标准。

(2)原材料的品种、规格和产地。

(3)仪器设备的名称、型号及编号。

(4)环境温度和湿度。

(5)立方体抗压强度。

(6)要说明的其他内容。

(六)水泥砂浆强度评定

(1)评定水泥砂浆的强度,应以标准养生28d的试件为准。试件为边长70.7mm的立方体。试件6件为1组,制取组数应符合下列规定:

①不同强度等级及不同配合比的水泥砂浆应分别制取试件,试件应随机制取,不得挑选。

②重要及主体砌筑物,每工作班制取2组。

③一般及次要砌筑物,每工作班可制取1组。

④拱圈砂浆应同时制取与砌体同条件养生试件,以检查各施工阶段强度。

（2）水泥砂浆强度的合格标准：
①同强度等级试件的平均强度不低于设计强度等级。
②任意一组试件的强度最低值不低于设计强度等级的75%。
③实测项目中，水泥砂浆强度评为不合格时相应分项工程为不合格。

任务工作单

学习领域：道路工程检测

学习情境2　排水工程质量检测与评定 工作任务2.5　水泥砂浆强度检测	班级		
	姓名		学号
	日期		评分

一、任务内容
分组进行水泥砂浆强度检测，并填写水泥砂浆强度检测记录和检测报告表。

二、基本知识
1.水泥混合砂浆标准养护的条件为温度_____，相对湿度_____。
水泥砂浆和微沫砂浆标准养护的条件为温度_____，相对湿度_____。
2.水泥砂浆立方体试件的尺寸是_____。

三、任务实施
1.水泥砂浆强度检测仪器设备有哪些？

2.水泥砂浆强度检测的操作步骤如何？

3.水泥砂浆强度检测的数据处理如何进行？

4.填写试验检测记录表：
（见JJ 0501c 水泥砂浆立方体抗压强度试验记录表）

5.编制试验检测报告：
（见JB 010504 硬化后水泥砂浆试验检测报告）

四、任务小结
通过此工作任务的实施，各小组集中完成下述工作。
1.你认为本次实训是否达到预期目的？还有什么意见和建议？

2.水泥砂浆强度如何评定？评定要点有哪些？

学习情境 3　砌筑防护工程质量检测与评定

情境概述

一、职业能力分析

通过本情境的学习,期望达到下列目标。

1. 专业能力

(1)了解挡土墙、墙背填土、抗滑桩和锚喷防护等砌筑防护工程。

(2)熟悉挡土墙、抗滑桩和锚喷防护基本要求和实测项目。

(3)掌握:挡土墙、抗滑桩和锚喷防护的实测关键项目。

(4)会挡土墙、抗滑桩和锚喷防护分项工程质量检验评定。

(5)会挡土墙、抗滑桩和锚喷防护实测关键项目的检查和评定。

2. 社会能力

(1)通过分组活动,培养团队协作能力。

(2)通过规范文明操作,培养良好的职业道德和安全环保意识。

(3)通过小组讨论、上台演讲评述,培养表达沟通能力。

3. 方法能力

(1)通过查阅资料、文献,培养个人自学能力和获取信息能力。

(2)通过情境化的任务单元活动,掌握解决实际问题的能力。

(3)填写任务工作单,制订工作计划,培养工作方法能力。

(4)能独立使用各种媒体完成工作任务。

二、学习情境描述

路基砌筑防护工程是防止路基病害,保证路基稳定,改善环境景观,保护生态平衡的重要设施。在保证路基稳定的前提下,尽量采用生态防护,减少圬工体积。

路基砌筑防护工程主要有挡土墙、墙背填土、抗滑桩、锚喷防护、锥护坡、砌石工程、导流工程、石笼防护等分项工程,其中挡土墙、抗滑桩、锚喷防护为主要分项工程。

本学习情境讲述挡土墙、抗滑桩、锚喷防护3个主要分项工程质量检测与评定,分为3个工作任务,内容主要包括:挡土墙质量评定,抗滑桩与锚喷防护质量评定,锚杆抗拔力检测。

三、教学环境要求

本学习情境要求在道路检测实训基地完成,配备3个工作任务需用的仪具与材料分别各4套,同时提供实训基地道路工程概况,相关设备的使用说明书,《公路工程质量检验评定标准》(JTG F80/1—2004)和《公路路基路面现场测试规程》(JTG E60—2008)各4本;可以用于资料查询的电脑、任务工作单、分项工程质量检验评定表、试验检测记录表、试验检测报告表、多媒体教学设备、课件和视频教学资料等。

学生分成4个小组,各组独立完成相关的工作任务,并在教学完成后提交任务工作单和试验检测记录表、试验检测报告。

工作任务3.1 挡土墙质量评定

 任务概述

1. 应知应会

(1)了解挡土墙类型与构造特点,外观鉴定和质量保证资料。

(2)熟悉挡土墙基本要求和实测项目。

(3)会砌体挡土墙、悬臂式和扶臂式挡土墙和锚杆、锚碇板和加筋土挡土墙实测项目的计分、分项工程得分、分项工程评分及等级评定。

2. 学习要求

(1)研读教材内容。

(2)查阅《公路工程质量检验评定标准》(JTG F80/1—2004)中第6章。

(3)重视理论联系实际。

 相关知识

挡土墙是指支承路基填土或山坡土体、防止填土或土体变形失稳的构造物,挡土墙主要有砌体挡土墙、悬臂式和扶臂式挡土墙、锚杆、锚碇板和加筋土挡土墙、桩板式挡土墙等类型。在挡土墙横断面中,与被支承土体直接接触的部位称为墙背;与墙背相对的、临空的部位称为墙面;与地基直接接触的部位称为基底;与基底相对的、墙的顶面称为墙顶;基底的前端称为墙趾;基底的后端称为墙踵。

(1)对砌体挡土墙,当平均墙高小于6m或墙身面积小于1 200m²时,每处可作为分项工程进行评定;当平均墙高达到或超过6m且墙身面积不小于1 200m²时,为大型挡土墙,每处应作为分部工程进行评定。

(2)悬臂式和扶臂式挡土墙,锚杆、锚碇板和加筋土挡土墙及桩板式挡土墙应作为分部工程进行评定。

 任务实施

(一)砌体挡土墙

1. 基本要求

(1)石料或混凝土预制块的强度、规格和质量应符合有关规范和设计要求。

(2)砂浆所用的水泥、砂、水的质量应符合有关规范的要求,按规定的配合比施工。

(3)地基承载力必须满足设计要求,基础埋置深度应满足施工规范要求。
(4)砌筑应分层错缝。浆砌时坐浆挤紧,嵌填饱满密实,不得有空洞;干砌时不得松动、叠砌和浮塞。
(5)沉降缝、泄水孔、反滤层的设置位置、质量和数量应符合设计要求。

2. 实测项目

砌体挡土墙及干砌挡土墙实测项目见表3-1及表3-2。

砌体挡土墙实测项目　　　　　　　　　　　　　　　　　表3-1

项次	检查项目	规定值或允许偏差		检查方法和频率	权值
1△	砂浆强度(MPa)	在合格标准内		按《公路工程质量检验评定标准》(JTG F80/1—2004)附录F检查	3
2	平面位置(mm)	50		经纬仪:每20m检查墙顶外边线3点	1
3	顶面高程(mm)	±20		水准仪:每20m检查1点	1
4	竖直度或坡度(%)	0.5		吊垂线:每20m检查2点	1
5△	断面尺寸(mm)	不小于设计值		尺量:每20m量2个断面	3
6	底面高程(mm)	±50		水准仪:每20m检查1点	1
7	表面平整度(mm)	块石	20	2m直尺:每20m检查3处,每处检查竖直和墙长两个方向	1
		片石	30		
		混凝土块、料石	10		

干砌挡土墙实测项目　　　　　　　　　　　　　　　　　表3-2

项次	检查项目	规定值或允许偏差	检查方法和频率	权值
1	平面位置(mm)	50	经纬仪:每20m检查3点	2
2	顶面高程(mm)	±30	水准仪:每20m测3点	2
3	竖直度或坡度(%)	0.5	尺量:每20m吊垂线检查3点	1
4△	断面尺寸(mm)	不小于设计值	尺量:每20m检查2处	2
5	底面高程(mm)	±50	水准仪:每20m测1点	2
6	表面平整度(mm)	50	2m直尺:每20m检查3处,每处检查竖直和墙长两个方向	1

3. 外观鉴定

(1)砌体表面平整,砌缝完好、无开裂现象,勾缝平顺,无脱落现象。不符合要求时减1~3分。

(2)泄水孔坡度向外,无堵塞现象。不符合要求时必须进行处理,并减1~3分。

(3)沉降缝整齐垂直,上下贯通。不符合要求时必须进行处理,并减1~3分。

(二)悬臂式和扶臂式挡土墙

1. 基本要求

(1)混凝土所用的水泥、石、砂、水和外掺剂的规格和质量应符合有关规范的要求,按规定的配合比施工。

（2）地基强度必须满足设计要求。

（3）不得有露筋和空洞现象。

（4）沉降缝、泄水孔的设置位置、质量和数量应符合设计要求。

2. 实测项目

悬臂式和扶臂式挡土墙实测项目见表3-3。

悬臂式和扶臂式挡土墙实测项目 表3-3

项次	检查项目	规定值或允许偏差	检查方法和频率	权值
1△	混凝土强度(MPa)	在合格标准内	按《公路工程质量检验评定标准》(JTG F80/1—2004)附录D检查	3
2	平面位置(mm)	30	经纬仪；每20m检查3点	1
3	顶面高程(mm)	±20	水准仪；每20m检查1点	1
4	竖直度或坡度(%)	0.3	吊垂线；每20m检查2点	1
5△	断面尺寸(mm)	不小于设计值	尺量：每20m检查2个断面，抽查扶臂2个	2
6	底面高程(mm)	±30	水准仪；每20m检查1点	1
7	表面平整度(mm)	5	2m直尺；每20m检查2处	1

3. 外观鉴定

（1）混凝土施工缝平顺。不符合要求时减1~2分。

（2）蜂窝、麻面面积不得超过该面面积的0.5%。不符合要求时，每超过0.5%减3分；深度超过1cm的必须处理。

（3）混凝土表面出现非受力裂缝，减1~3分。裂缝宽度超过设计规定或设计未规定时超过0.15mm必须处理。

（4）泄水孔坡度向外，无堵塞现象。不符合要求时必须进行处理，并减1~3分。

（5）沉降缝整齐垂直，上下贯通。不符合要求时应进行处理，并减1~3分。

（三）锚杆、锚碇板和加筋土挡土墙

1. 基本要求

（1）混凝土所用的水泥、砂、石、水和外掺剂的规格和质量必须符合有关规范的要求，按规定的配合比施工。

（2）地基强度应符合设计要求。

（3）锚杆、拉杆或筋带的强度、质量和规格，必须满足设计和有关规范的要求，根数不得少于设计数量。

（4）筋带须理顺，放平拉直，筋带与面板、筋带与筋带连接牢固。

（5）混凝土不得出现露筋和空洞现象。

2. 实测项目

其实测项目见表3-4~表3-8。

筋带实测项目

表 3-4

项次	检查项目	规定值或允许偏差	检查方法和频率	权值
1	筋带长度或直径	不小于设计值	尺量：每20m检查5根(束)	2
2	筋带与面板连接	符合设计要求	目测：每20m检查5处	2
3	筋带与筋带连接	符合设计要求	目测：每20m检查5处	1
4	筋带铺设	符合设计要求	目测：每20m检查5处	1

锚杆、拉杆实测项目

表 3-5

项次	检查项目	规定值或允许偏差	检查方法和频率	权值
1	锚杆、拉杆长度	符合设计要求	尺量：每20m检查5根	2
2	锚杆、拉杆间距(mm)	±20	尺量：每20m检查5根	1
3	锚杆、拉杆与面板连接	符合设计要求	目测：每20m检查5处	2
4	锚杆、拉杆防护	符合设计要求	目测：每20m检查10处	2
5△	锚杆抗拔力	抗拔力平均值≥设计值，最小抗拔力≥0.9设计值	拔力试验：锚杆数1%，且不少于3根	3

面板预制实测项目

表 3-6

项次	检查项目	规定值或允许偏差	检查方法和频率	权值
1△	混凝土强度(MPa)	在合格标准内	按《公路工程质量检验评定标准》(JTG F80/1—2004)附录D检查	3
2	边长(mm)	±5 或 0.5%边长	尺量：长宽各量1次，每批抽查10%	2
3	两对角线差(mm)	10 或 0.7%最大对角线长	尺量：每批抽查10%	1
4△	厚度(mm)	+5，-3	尺量：检查2处，每批抽查10%	2
5	表面平整度(mm)	4 或 0.3%边长	2m直尺：长、宽方向各测1次，每批抽查10%	1
6	预埋件位置(mm)	5	尺量：检查每件，每批抽查10%	1

面板安装实测项目

表 3-7

项次	检查项目	规定值或允许偏差	检查方法和频率	权值
1	每层面板顶高程(mm)	±10	水准仪：每20m抽查3组板	1
2	轴线偏位(mm)	10	挂线、尺量：每20m量3处	2
3	面板竖直度或坡度	+0，-0.5%	吊垂线或坡度板：每20m量3点	1
4	相邻面板错台(mm)	5	尺量：每20m面板交界处检查3处	1

注：面板安装以同层相邻两板为一组。

锚杆、锚碇板和加筋土挡土墙总体实测项目　　　　　　　表3-8

项次	检查项目		规定值或允许偏差	检查方法和频率	权值
1	墙顶和肋柱平面位置(mm)	路堤式	+50,-100	经纬仪:每20m检查3处	2
		路肩式	±50		
2	墙顶和柱顶高程(mm)	路堤式	±50	水准仪:每20m测3点	2
		路肩式	±30		
3	肋柱间距		±15	尺量:每柱间	1
4	墙面倾斜度(mm)		+0.5%H 且不大于+50, -1%H 且不小于-100	吊垂线或坡度板:每20m测2处	2
5	面板缝宽(mm)		10	尺量:每20m至少检查5条	1
6	墙面平整度(mm)		15	2m直尺:每20m测3处	1

注:1.平面位置和倾斜度"+"指向外,"-"指向内。
　　2.H 为墙高。

3.外观鉴定

(1)预制面板表面平整光洁,线条顺直美观,不得有破损翘曲、掉角啃边等现象。不符合要求时减1~2分。

(2)蜂窝、麻面面积不得超过该面面积的0.5%。不符合要求时,每超过0.5%减2分;深度超过1cm的必须处理。

(3)混凝土表面出现非受力裂缝减1~3分。裂缝宽度超过设计规定或设计未规定时超过0.15mm必须进行处理。

(4)墙面直顺,线形顺适,板缝均匀,伸缩缝贯通垂直。不符合要求时减1~3分。

(5)露在面板外的锚头应封闭密实、牢固、整齐美观。不符合要求时减1~5分。

(四)桩板式挡土墙

桩按本标准桥梁工程基础中沉桩相关规定评定,面板预制及总体按锚杆、锚碇板和加筋土挡土墙相关规定评定。

任务工作单

学习领域:道路工程检测

学习情境3　砌筑防护工程质量检测与评定 工作任务3.1　挡土墙质量评定	班级			
	姓名		学号	
	日期		评分	

一、任务内容
分组进行挡土墙质量评定,并填写分项工程质量检验评定表。
二、基本知识
1.挡土墙是指支承路基填土或山坡土体、防止_____的构造物。
2.挡土墙主要有_____,悬臂式和扶臂式挡土墙,_____,桩板式挡土墙等类型。
3.在挡土墙横断面中,与被支承土体直接接触的部位称为_____;与墙背相对的、临空的部位称为墙面;与地基直接接触的部位称为基底;与基底相对的、墙的顶面称为_____;基底的前端称为墙趾;基底的后端称为墙踵。

4.当平均墙高达到或超过 6m 且墙身面积不小于 1200 m² 时,为大型挡土墙,每处应作为_____进行评定。

5.悬臂式和扶臂式挡土墙,锚杆、锚碇板和加筋土挡土墙和桩板式挡土墙应作为_____进行评定。

三、任务实施

1.砌体挡土墙、悬臂式和扶臂式挡土墙及锚杆、锚碇板和加筋土挡土墙基本要求检查:

2.砌体挡土墙、悬臂式和扶臂式挡土墙及锚杆、锚碇板和加筋土挡土墙实测项目检查:

3.砌体挡土墙、悬臂式和扶臂式挡土墙及锚杆、锚碇板和加筋土挡土墙外观鉴定,不符合要求如何扣分:

4.砌体挡土墙、悬臂式和扶臂式挡土墙及锚杆、锚碇板和加筋土挡土墙质量保证资料有哪些?不齐全如何扣分?

5.填写分项工程质量检验评定表:
(见砌体挡土墙、悬臂式和扶臂式挡土墙及锚杆、锚碇板和加筋土挡土墙分项工程质量检验评定表)

四、任务小结

通过此工作任务的实施,各小组集中完成下述工作。

1.你认为本次实训是否达到预期目的?还有什么意见和建议?

2.砌体挡土墙、悬臂式和扶臂式挡土墙及锚杆、锚碇板和加筋土挡土墙各实测项目的计分、分项工程得分、分项工程评分及等级评定方法:

工作任务 3.2　抗滑桩与锚喷防护质量评定

 任务概述

1.应知应会

(1)了解抗滑桩的外观鉴定和质量保证资料。

(2)熟悉抗滑桩基本要求。
(3)会抗滑桩各实测项目的计分、分项工程得分、分项工程评分及等级评定。
2. 学习要求
(1)研读教材内容。
(2)查阅《公路工程质量检验评定标准》(JTG F80/1—2004)中第 7 章。
(3)重视理论联系实际。

相关知识

抗滑桩是穿过滑坡体深入于滑床的桩柱,用以支挡滑体的滑动力,起稳定边坡的作用,适用于浅层和中厚层的滑坡,是一种抗滑处理的主要措施,但对正在活动的滑坡打桩阻滑需要慎重,以免因振动而引起滑动。

锚喷防护是由锚杆和喷射混凝土面板组成的支护,锚杆和喷射混凝土与围岩共同形成一个承载结构,可有效地限制围岩变形的自由发展,调整围岩的应力分布,防止岩体松散坠落。它可用作施工过程中的临时支护,在有些情况下,也可以不必再做永久支护或衬砌。

(一)抗滑桩

1. 基本要求

(1)混凝土所用的水泥、砂石、水和外掺剂的质量和规格必须符合设计和有关规范的要求,按规定的配合比施工。
(2)施工中应核对滑动面位置,如图纸与实际位置有出入,应变更抗滑桩的深度。
(3)做好桩区地面截、排水及防渗,孔口地面上应加筑适当高度的围埝。

2. 实测项目:

抗滑桩实测项目见表 3-9。

抗滑桩实测项目　　　　　　　　　　　　　表 3-9

项次	检 查 项 目		规定值或允许偏差	检查方法和频率	权值
1△	混凝土强度(NPa)		在合格标准内	按《公路工程质量检验评定标准》(JTG F80/1—2004)附录 D 检查	3
2△	桩长(m)		不小于设计值	测绳量:每桩测量	2
3△	孔径或断面尺寸(mm)		不小于设计值	探孔器:每桩测量	2
4	桩位(mm)		100	经纬仪:每桩测量桩检查	1
5	竖直度(mm)	钻孔桩	1%桩长,且不大于500	测壁仪或吊垂线:每桩检查	1
		挖孔桩	0.5%桩长,且不大于200	吊垂线:每桩检查	
6	钢筋骨架底面高程(mm)		±50	水准仪:测每桩骨架顶面高程后反算	1

3. 外观鉴定

无破损检测桩的质量有缺陷,但经设计单位确认仍可用时,应减 3 分。

(二)锚喷防护

1. 基本要求

(1)锚杆、钢筋和土工格栅的强度、数量、质量和规格必须符合设计和有关规范的要求。

(2)混凝土及砂浆所用的水泥、砂、石、水和外掺剂必须符合有关规范的要求,按规定的配合比施工。

(3)边坡坡度、坡面应符合设计要求。岩面应无风化、无浮石,喷射前必须用水冲洗。

(4)钢筋应清除污锈,钢筋网与锚杆或其他锚固装置连接牢固,喷射时钢筋不得晃动。

(5)锚杆插入锚孔深度不得小于设计长度的95%,孔内砂浆应密实、饱满。

(6)喷射前应做好排水设施,对个别漏水空洞的缝隙应采用堵水措施,确保支护质量。

(7)钢筋、土工格栅或锚杆不得外露,混凝土不得开裂脱落。

(8)有关预应力锚索的基本要求见《公路工程质量检验评定标准》(JTG F80/1—2004)第8.3.2条1,锚索非锚固段套管安装位置必须符合设计要求。

2. 实测项目:

锚喷防护实测项目见表3-10。

锚喷防护实测项目 表3-10

项次	检查项目	规定值或允许偏差	检查方法和频率	权值
1△	混凝土强度(MPa)	在合格标准内	按《公路工程质量检验评定标准》(JTG F80/1—2004)附录E检查	3
2△	砂浆强度(MPa)	在合格标准内	按《公路工程质量检验评定标准》(JTG F80/1—2004)附录F检查	3
3	锚孔深度(mm)	不小于设计值	尺量:抽查10%	1
4	锚杆(索)间距(mm)	±100	尺量;抽查10%	1
5△	锚杆拔力(kN)	拔力平均值≥设计值,最小拔力≥0.9设计值	拔力试验;锚杆数1%,且不少于3根	3
6	喷层厚度(mm)	平均厚≥设计厚,60%检查点的厚度≥设计厚,最小厚度≥0.5设计厚,且不小于设计规定	尺量(凿孔)或雷达断面仪;每10m检查1个断面每3m检查1点	2
7△	锚索张拉应力(MPa)	符合设计要求	油压表:每索由读数反算	3
8	张拉伸长率(%)	±6或设计要求	尺量:每索	2
9	断丝、滑丝数	每束1根,且每断面不超过钢线总数的1%	目测:逐根(束)检查	2

注:实际工程中未涉及的项目不参与评定。

3. 外观鉴定

混凝土表面密实,不得有突变;与原表面结合紧密,不应起鼓。不符合要求时减1~3分。

学习领域:道路工程检测

学习情境3　砌筑防护工程质量检测与评定
工作任务3.2　抗滑桩与锚喷防护质量评定

班级	
姓名	学号
日期	评分

一、任务内容
　　分组进行抗滑桩与锚喷防护质量评定,并填写分项工程质量检验评定表。

二、基本知识
　　1.抗滑桩是穿过滑坡体深入于滑床的桩柱,用以支挡滑体的滑动力,起_____的作用,适用于_____的滑坡,是一种抗滑处理的主要措施。
　　2.锚喷防护是由_____和喷射混凝土面板组成的支护,锚杆和喷射混凝土与围岩共同形成一个承载结构,可有效地限制围岩变形的自由发展。

三、任务实施
　　1.抗滑桩与锚喷防护基本要求检查:

　　2.抗滑桩与锚喷防护实测项目检查:

　　3.抗滑桩与锚喷防护外观鉴定,不符合要求时应如何扣分?

　　4.抗滑桩与锚喷防护质量保证资料分别有哪些?不齐全时应如何扣分?

　　5.填写分项工程质量检验评定表:
(见抗滑桩与锚喷防护分项工程质量检验评定表)

四、任务小结
通过此工作任务的实施,各小组集中完成下述工作。
　　1.你认为本次实训是否达到预期目的?还有什么意见和建议?

　　2.抗滑桩与锚喷防护各实测项目的计分、分项工程得分、分项工程评分及等级评定方法:

工作任务 3.3 锚杆抗拔力检测

 **任务概述**

1. 应知应会

（1）了解锚杆抗拔力检测的目的及适用范围；熟悉锚杆抗拔力检测现场准备工作和测试步骤。

（2）会进行锚杆抗拔力检测操作，数据计算与处理，填写试验检测记录表，编制试验检测报告。

2. 学习要求

（1）研读教材内容。

（2）查阅《锚杆喷射混凝土支护技术规范》（GB 50086—2001）和《建筑基坑支护技术规程》（JGJ 120—2012）附录 B 锚杆抗拔试验要点。

（3）重视理论联系实际。

 相关知识

锚杆是将拉力传递到稳定岩层或土层的锚固体系，它通常包括杆体（由钢筋、特制钢管、钢绞线等筋材组成）、注浆体、锚具、套管和可能使用的连接器。当采用钢绞线或高强度钢丝束作杆体材料时可称锚索，在岩土锚固中通常将锚杆和锚索统称为锚杆。

锚杆抗拔力是指锚杆能承受的最大拉力，它是锚杆材料、加工和施工安装质量的综合反映，是锚杆质量检测的一项基本内容。

锚杆抗拔力检测目的是判定巷道围岩的可锚性、评价锚杆、树脂、围岩锚固系统的性能和锚杆的锚固力。检测必须在现场进行，使用的材料和设备与巷道正常支护相同。

 任务实施

（一）仪具与材料

（1）锚杆拉力计（量程>200kN，分辨率≤1.0kN）。

（2）钻孔机具。

（二）方法与步骤

1. 准备工作

（1）试验地点选择

试验地点应尽量靠近掘进工作面，围岩较平整，未发生脱落、片帮等现象。试验锚杆应避开钢带（钢筋梯）安装，距邻近锚杆不小于 300mm。

（2）锚杆、锚固剂

试验用锚杆的表面应无锈、油、漆或其他污染物，树脂锚固剂按设计选用。

（3）钻孔

用锚杆钻机在选择的地点钻孔，试验前测量钻孔直径、锚杆直径、树脂直径。

（4）锚杆安装

①将树脂锚固剂放入孔中，用锚杆将其慢慢推到孔底；

②用锚杆钻机将锚杆边旋转边推进到孔底,然后再旋转5~10s停止;
③等待30s后,退下锚杆钻机;
④做好标记,以备试验。

2. 拉拔试验

锚杆抗拔力测试在锚杆安装后0.5~4.0h进行。时间过短影响锚固剂固化后的强度,时间过长则因巷道围岩发生变形影响测量结果。锚杆抗拔力测试频率为锚杆数1%,且不少于3根。

按图3-1所示安设仪器,确保锚杆拉力计油缸的中心线与锚杆轴线重合。试验前,检查手动泵的油量和各连接部位是否牢固,确认无误后再进行试验。试验由两人完成,一人加载,一人记录。试验时应缓慢均匀地操作手动泵压杆。当锚杆出现明显位移时,停止加压,记录锚杆拉力计此时的读数,即为拉拔试验值。

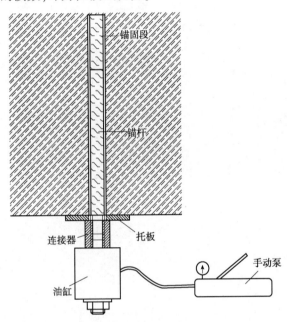

图3-1 锚杆抗拔力试验示意图

3. 注意事项

(1)锚杆拉拔计在试验过程中应固定牢靠。
(2)锚杆拉拔时应缓慢地逐级均匀加载,直到锚杆滑动或杆体破坏为止,并作详细记录。
(3)拉拔锚杆时,拉拔装置下方和两侧不得站人。
(4)拉拔时设专人监视顶板,以保证操作人员安全。
(5)测试锚杆按规定比例,选择好测试点,不能做破坏性试验。
(6)拉拔合格的锚杆要挂好合格标签,如发现不合格的锚杆要按规定补打,再进行测试。
(7)拉拔时严禁有人通过,两边做好警戒,以防止工具脱落伤人。
(8)测试后要将锚杆螺母拧紧,保管好设备。

(三)数据计算与处理

抗拔力平均值≥设计值,最小抗拔力≥0.9设计值。

(四)检测记录与报告

锚杆拉拔力试验记录中应包括试验时间、锚杆长度、锚杆直径、孔径、锚固长度、直径、锚固剂、拉拔力等内容。

任务工作单

学习领域：道路工程检测

学习情境 3　砌筑防护工程质量检测与评定 工作任务 3.3　锚杆抗拔力检测	班级			
	姓名		学号	
	日期		评分	

一、任务内容

分组进行锚杆抗拔力检测，并填写试验检测记录表和编制试验检测报告。

二、基本知识

1. 锚杆抗拔力是指锚杆能承受的最大拉力，它是_____、_____和_____的综合反映，是锚杆质量检测的一项基本内容。

2. 锚杆抗拔力检测的目的是_____。检测必须在现场进行，使用的材料和设备与巷道正常支护相同。

三、任务实施

1. 检测所需仪具与材料：

2. 锚杆抗拔力检测：

3. 数据计算与处理：

4. 填写试验检测记录表：

（见锚杆拉拔检测记录表）

5. 编制试验检测报告：

（见锚杆拉拔检测报告）

四、任务小结

通过此工作任务的实施，各小组集中完成下述工作。

1. 你认为本次实训是否达到预期目的？还有什么意见和建议？

2. 锚杆抗拔力检测的注意事项：

学习情境 4　路面基层和底基层质量检测与评定

情境概述

一、职业能力分析

通过本情境的学习,期望达到下列目标。

1. 专业能力

(1) 了解路面基层和底基层的一般规定、分类、外观鉴定。
(2) 熟悉路面基层和底基层的基本要求、实测项目。
(3) 掌握路面基层和底基层的实测关键项目。
(4) 会水泥稳定粒料基层分项工程质量检验评定。
(5) 会水泥稳定粒料基层实测关键项目压实度、厚度、强度等的检查和评定。

2. 社会能力

(1) 通过分组活动,培养团队协作能力。
(2) 通过规范文明操作,培养良好的职业道德和安全环保意识。
(3) 通过小组讨论、上台演讲评述,培养表达沟通能力。

3. 方法能力

(1) 通过查阅资料、文献,培养个人自学能力和获取信息能力。
(2) 通过情境化的任务单元活动,掌握解决实际问题的能力。
(3) 填写任务工作单,制订工作计划,培养工作方法能力。
(4) 能独立使用各种媒体完成工作任务。

二、学习情境描述

路面基层,是在路面面层下路基(或垫层)表面上,用单一材料按照一定的技术措施分层铺筑而成的层状结构,起主要承重作用的层次,其材料与质量的好坏直接影响路面面层的质量和使用性能。基层视公路等级或交通量的需要可设置一层或两层。当基层较厚需分两层施工时,可分别称为上基层、下基层。

路面底基层,是在沥青路面基层下用质量较次材料铺筑的次要的承重层,或在水泥路面基层下用质量较次材料铺筑的结构层。

垫层是设置在底基层与土基之间的结构层,起排水、隔水、防冻、防污等作用。

路面基层和底基层主要有无机结合料稳定材料基层和碎、砾石基层两大类。

无机结合料稳定材料基层是一种半刚性基层,常用的有水泥稳定粒料(碎石、砂砾或矿渣等),水泥土、石灰稳定粒料(碎石、砂砾或矿渣等),石灰土、石灰粉煤灰土、石灰粉煤灰稳定粒料(碎石、砂砾或矿渣等)。无机结合料稳定基层实测项目有压实度、平整度、纵断高程、宽度、厚度、横坡、强度7项,其中压实度、厚度、强度3项为实测关键项目。

碎、砾石基层是一种柔性基层,常用的有级配碎(砾)石、填隙碎石(矿渣)等。碎、砾石基层实测项目有压实度、弯沉值、平整度、纵断高程、宽度、厚度、横坡7项,其中压实度、厚度2项为实测关键项目。

水泥稳定粒料(碎石、砂砾或矿渣等),是目前路面基层和底基层中使用最多的一种材料,因此,本学习情境以水泥稳定粒料基层为例,讲述路面基层和底基层质量检测与评定,主要介绍水泥稳定粒料基层质量检验评定,水泥稳定粒料基层实测关键项目压实度、厚度、强度等的检查和评定方法。

本学习情境划分为4个工作任务,内容主要包括:水泥稳定粒料基层质量评定,水泥稳定粒料基层压实度检测,水泥稳定粒料基层厚度检测,水泥稳定粒料无侧限抗压强度检测等。

三、教学环境要求

本学习情境要求在道路检测实训基地完成,配备4个工作任务需用的仪具与材料分别各4套,同时提供实训基地道路工程概况,相关设备的使用说明书,《公路工程质量检验评定标准》(JTG F80/1—2004)和《公路路基路面现场测试规程》(JTG E60—2008)各4本;可以用于资料查询的电脑、任务工作单、分项工程质量检验评定表、试验检测记录表,试验检测报告表,多媒体教学设备、课件和视频教学资料等。

学生分成4个小组,各组独立完成相关的工作任务,并在教学完成后提交任务工作单和试验检测记录表、试验检测报告。

工作任务4.1 水泥稳定粒料基层质量评定

任务概述

1. 应知应会

(1)了解水泥稳定粒料基层的外观鉴定和质量保证资料。

(2)熟悉水泥稳定粒料基层基本要求。

(3)会水泥稳定粒料基层各实测项目的计分、分项工程得分、分项工程评分及等级评定。

2. 学习要求

(1)研读教材内容。

(2)查阅《公路工程质量检验评定标准》(JTG F80/1—2004)中第7章。

(3)重视理论联系实际。

相关知识

水泥稳定粒料主要有水泥稳定级配碎石、水泥稳定砂砾、水泥稳定矿渣等三种,是以级配碎石(砂砾或矿渣)作骨料,采用一定数量的胶凝材料和足够的灰浆体积填充骨料的空隙,按嵌挤原理摊铺压实,其压实度接近于密实度,强度主要靠碎石间的嵌挤锁结原理,同时有足够的灰浆体积来填充骨料的空隙。它的初期强度高,并且强度随龄期而增加很快结成板体,因而具有较高的强度,抗渗度和抗冻性较好。水泥稳定粒料水泥用量一般为混合料3%~7%,7d 的无侧限抗压强度可达5.0MPa,较其他路基材料高,水泥稳定粒料成活后遇雨不泥泞,表面坚实,是高级路面的理想基层材料。

(1)水泥稳定粒料基层和底基层的实测项目规定值或允许偏差按高速公路、一级公路和其他公路(指二级及以下公路)两档设定。

(2)水泥稳定粒料基层和底基层实测项目规定的检查频率为双车道公路每一检查段内的检查频率[按平方米(m^2)或立方米(m^3)或工作班设定的检查频率除外],多车道公路的路面各结构层均须按其车道数与双车道之比,相应增加检查数量。

(3)各类基层和底基层压实度代表值(平均值的下置信界限)不得小于规定代表值,单点不得小于规定极值,小于规定代表值2个百分点的测点,应按其占总检查点数的百分率计算合格率。

(4)路面各结构层厚度按代表值和单点合格值设定允许偏差。当代表值偏差超过规定值时,该分项工程评为不合格;当代表值偏差满足要求时,按单个检查值的偏差不超过单点合格值的测点数计算合格率。

(5)材料要求和配比控制列入各节基本要求,可通过检查施工单位、工程监理单位的资料进行评定。

(6)路面基层完工后应及时浇洒透层油或铺筑下封层,透层油透入深度不小于5mm,不得使用透入能力差的材料作透层油。对封层、透层、黏层油的浇洒要求同沥青表面处治层中基本规定。

任务实施

1. 基本要求

(1)粒料应符合设计和施工规范要求,并应根据当地料源选择质坚干净的粒料,矿渣应分解稳定,未分解渣块应予剔除。

(2)水泥用量和矿料级配按设计控制准确。

(3)路拌深度要达到层底。

(4)摊铺时要注意消除离析现象。

(5)混合料处于最佳含水率状况下,用重型压路机碾压至要求的压实度,从加水拌和到碾压终了的时间不应超过3~4h,并应短于水泥的终凝时间。

(6)碾压检查合格后立即覆盖或洒水养生,养生期要符合规范要求。

2. 实测项目

水泥稳定粒料基层和底基层实测项目见表4-1。

3. 外观鉴定

(1)表面平整密实、无坑洼、无明显离析。不符合要求时,每处减1~2分。

(2)施工接茬平整、稳定。不符合要求时,每处减1~2分。

4. 质量保证资料

(1)分项工程开工报告(含施工方案)。

水泥稳定粒料基层和底基层实测项目　　　　　表4-1

项次	检查项目		规定值或允许偏差				检查方法和频率	权值
			基层		底基层			
			高速公路一级公路	其他公路	高速公路一级公路	其他公路		
1△	压实度(%)	代表值	98	97	96	95	按《公路工程质量检验评定标准》(JTG F80/1—2004)附录B检查每200m每车道2处	3
		极值	94	93	92	91		
2	平整度(mm)		8	12	12	15	3m直尺:每200m测2处×10尺	2
3	纵断高程(mm)		+5,-10	+5,-15	+5,-15	+5,-20	水准仪:每200m测4个断面	1
4	宽度(mm)		不小于设计值		不小于设计值		尺量:每200m测4个断面	1
5△	厚度(mm)	代表值	-8	-10	-10	-12	按《公路工程质量检验评定标准》(JTG F80/1—2004)附录H检查,每200m每车道1点	3
		合格值	-15	-20	-25	-30		
6	横坡(%)		±0.3	±0.5	±0.3	±0.5	水准仪:每200m测4个断面	1
7△	强度(MPa)		符合设计要求		符合设计要求		按《公路工程质量检验评定标准》(JTG F80/1—2004)附录G检查	3

(2)施工放样报验资料:①施工放样报验单;②施工放样报审单附件;③原地面高程测设记录。

(3)原材料检验资料。

(4)现场质量检验资料:①检验申请批复单;②水泥稳定料粒基层现场质量检验报告单;③水泥稳定料粒基层施工原始记录;④压实度检验评定、压实度检验汇总、压实度试验记录;⑤平整度汇总、平整度检验记录;⑥纵段高程检验汇总、纵段高程测设记录;⑦路面厚度检验汇总、路面结构厚度检验记录;⑧宽度横坡检验汇总、宽度检测记录、横坡度检验记录;⑨水稳基层无侧限抗压强度评定表、水稳基层无侧限抗压强度汇总表、水稳基层无侧限抗压强度试验报告。

(5)交工资料:①中间交工证书;②分项工程质量检验评定。

学习领域:道路工程检测

学习情境 4　路面基层和底基层质量检测与评定 工作任务 4.1　水泥稳定粒料基层质量评定	班级		
	姓名		学号
	日期		评分

一、任务内容

分组进行水泥稳定粒料基层质量评定,并填写分项工程质量检验评定表。

二、基本知识

1. 水泥稳定粒料主要有_____、_____、_____等三种,是以_____作骨料,采用一定数量的_____和足够的灰浆体积填充骨料的空隙,按嵌挤原理摊铺压实,其压实度接近于密实度,强度主要靠碎石间的嵌挤锁结原理,同时有足够的灰浆体积来填充骨料的空隙。

2. 水泥稳定粒料基层的实测项目规定值或允许偏差按_____和_____两档设定。

3. 各类基层和底基层压实度代表值(平均值的下置信界限)不得小于_____,单点不得小于_____,小于规定代表值____个百分点的测点,应按其占总检查点数的百分率计算合格率。

三、任务实施

1. 水泥稳定粒料基层基本要求检查:

2. 水泥稳定粒料基层实测项目检查:

3. 水泥稳定粒料基层外观鉴定,不符合要求时应如何扣分?

4. 水泥稳定粒料基层质量保证资料有哪些?不齐全时应如何扣分?

5. 填写分项工程质量检验评定表:

(见水泥稳定粒料基层分项工程质量检验评定表)

四、任务小结

通过此工作任务的实施,各小组集中完成下述工作。

1. 你认为本次实训是否达到预期目的?还有什么意见和建议?

2. 水泥稳定粒料基层各实测项目的计分、分项工程得分、分项工程评分及等级评定方法:

工作任务4.2 水泥稳定粒料基层压实度检测

 **任务概述**

1. 应知应会

(1)了解路面基层材料的最大干密度和最佳含水率的确定方法,熟悉挖坑灌砂法测定压实度现场准备工作和测试步骤。

(2)会进行灌砂法测定压实度的检测操作,数据计算与处理,填写试验检测记录表,编制试验检测报告。

2. 学习要求

(1)研读教材内容。

(2)查阅《公路路基路面现场测试规程》(JTG E60—2008)中 T 0921—2008 挖坑灌砂法测定压实度试验方法。

(3)重视理论联系实际。

 相关知识

对于路面半刚性基层及粒料类柔性基层而言,压实度是指工地上实际达到的干密度与室内标准击实试验所得最大干密度的比值。因此,压实度的测定主要包括室内标准击实试验最大干密度确定和现场密度试验。

路面基层和底基层压实度检测方法有挖坑灌砂法、环刀法(仅适用于无机结合料稳定细粒土)。本工作任务采用挖坑灌砂法测定水泥稳定粒料基层压实度。

挖坑灌砂法用于水泥稳定粒料基层压实度检测时需要预先确定水泥稳定粒料基层材料的最大干密度和最佳含水率。

水泥稳定粒料基层材料按照《公路工程无机结合料稳定材料试验规程》(JTG E51—2009)执行,用标准击实仪法求得,但当粒料含量高时(50%以上),由于击实筒空间的限制,现行方法就不能得出真正的最大干密度,若以此为准,按施工规范要求的压实度成型,所测得的强度和有关参数太小,据此进行设计,势必造成浪费。同样,如以此为准进行施工质量控制,必然要求太低,不能保证施工质量,因此,需要寻求更科学的方法。下面介绍一种确定最大干密度和最佳含水率的方法,即理论计算法。

此类材料的最大干密度 ρ_0 与集料的最大干密度 ρ_G 和水泥硬化后的水泥质量有关,即:

$$\rho_0 = \frac{\rho_G}{1-\dfrac{(1+K)\alpha}{100}} \tag{4-1}$$

式中:ρ_0——集料在振动台上加载振动而得到的最大干密度,g/cm^3;

α——水泥含量,%;

K——水泥水化时水的增量,视水泥品种不同而异,一般为水泥质量的10%~25%,以小数计。

水泥加水拌匀后,在105℃烘箱中烘干,称试验前水泥质量和烘干后硬化的水泥质量,即可求得水泥水化的水增量。

因水泥中含有水化水,故用烘箱法不能正确测出水泥稳定粒料的最佳含水率。根据对比试验,水泥稳定粒料的最佳含水率 w_0 由水泥的水化水、集料的饱水裹覆含水率和拌和水泥所需要的水(水灰比为0.5)三者组成,即:

$$w_0 = (0.5 + K)\alpha + w_2\left(\frac{\alpha}{100}\right) \tag{4-2}$$

式中：α——水泥含量,%;

w_2——集料饱水裹覆含水率,%;

K——水泥水化时水的增量,以小数计,同式(4-1)中规定。

(一)仪具与材料

同工作任务1.2 土方路基压实度检测。

(二)方法与步骤

同工作任务1.2 土方路基压实度检测。

(三)数据计算与处理

(1)按式(4-3)或式(4-4)计算填满试坑所用的砂的质量 m_b(g)。

灌砂时,试坑上放有基板:

$$m_b = m_1 - m_4 - (m_5 - m_6) \tag{4-3}$$

灌砂时,试坑上不放基板:

$$m_b = m_1 - m_4' - m_2 \tag{4-4}$$

式中：m_b——填满试坑的砂的质量,g;

m_1——灌砂前灌砂筒内砂的质量,g;

m_2——灌砂筒下部圆锥体内砂的质量,g;

m_4、m_4'——灌砂后,灌砂筒内剩余砂的质量,g;

$(m_5 - m_6)$——灌砂筒下部圆锥体内及基板和粗糙表面间砂的合计质量,g。

(2)按式(4-5)计算试坑材料的湿密度 ρ_w(g/cm³)。

$$\rho_w = \frac{m_w \rho_s}{m_b} \tag{4-5}$$

式中：m_w——试坑中取出的全部材料的质量,g;

ρ_s——量砂的松方密度,g/cm³。

(3)当为水泥、石灰、粉煤灰等无机结合料稳定土的场合,可按式(4-6)计算干密度 ρ_d(g/cm³)。

$$\rho_d = \frac{m_d}{m_b}\rho_s \tag{4-6}$$

式中：m_d——试坑中取出的稳定土的烘干质量,g。

(4)按式(4-7)计算施工压实度。

$$K = \frac{\rho_d}{\rho_c} \times 100 \tag{4-7}$$

式中：K——测试地点的施工压实度,%;

ρ_d——试样的干密度,g/cm³;

ρ_c——由击实试验得到的试样的最大干密度,g/cm³。

注:当试坑材料组成与击实试验的材料有较大差异时,可以试坑材料做标准击实,求取实际的最大干密度。

(四)检测记录与报告

各种材料的干密度均应精确至0.01g/cm³。

(五)水泥稳定粒料基层压实度评定

同工作任务1.2 土方路基压实度检测。

任务工作单

学习领域:道路工程检测

学习情境4　路面基层和底基层质量检测与评定 工作任务4.2　水泥稳定粒料基层压实度检测	班级		
	姓名		学号
	日期		评分

一、任务内容

分组用挖坑灌砂法测定路面基层压实度,并填写试验检测记录表和编制试验检测报告。

二、基本知识

1.路面基层和底基层压实度检测方法有_____,_____(仅适用于无机结合料稳定细粒土)。

2.路面基层主要包括_____和_____两类。

3.柔性基层最大干密度的确定可参照粗粒土和巨粒土的_____。

4.半刚性基层材料按照《公路工程无机结合料稳定材料试验规程》(JTG E51—2009)执行,用_____求得,但当粒料含量高时(50%以上),可采用理论计算法。

三、任务实施

1.挖坑灌砂法测定压实度所需仪具与材料:

2.挖坑灌砂法测定压实度的室内准备工作:

3.挖坑灌砂法测定压实度的现场准备工作:

4.挖坑灌砂法测定压实度测试步骤：

5.填写试验检测记录表
（见 JJ 1402a 路基路面压实度试验记录表 灌砂法）
6.编制试验检测报告
（见 JB 021402 路基路面压实度试验检测报告）
四、任务小结
通过此工作任务的实施，各小组集中完成下述工作。
1.你认为本次实训是否达到预期目的？还有什么意见和建议？

2.水泥稳定粒料基层压实度如何评定？评定要点有哪些？

工作任务4.3　水泥稳定粒料基层厚度检测

 任务概述

1. 应知应会

（1）了解挖坑法测定路面基层厚度的目的及适用范围；熟悉挖坑法测定路面基层厚度现场准备工作和测试步骤。

（2）会进行挖坑法测定路面基层厚度的检测操作，数据计算与处理，填写试验检测记录表，编制试验检测报告。

2. 学习要求

（1）研读教材内容。

（2）查阅《公路路基路面现场测试规程》（JTG E60—2008）中 T 0912—2008 挖坑及钻芯法测定路面厚度试验方法。

（3）重视理论联系实际。

 相关知识

在路面工程中，各个层次的厚度是和道路整体强度密切相关的。在路面设计中，不管是刚性路面,还是柔性路面,其最终要决定的,都是各个层次的厚度,只有在保证厚度的情况下,路面的各个层次及整体的强度才能得到保证。除了能保证强度外,严格控制各结构层的厚度,还能对路面的高程起到一定的控制作用,是一个非常重要的指标。

水泥稳定粒料基层厚度的检测一般与压实度检测同时进行,当用灌砂法进行压实度检测时,可量取挖坑灌砂深度即为结构层厚度。水泥稳定粒料基层及石灰稳定土底基层,每200m每车道检查1处。

(一)仪具与材料

(1)挖坑用镐、铲、凿子、锤子、毛刷。
(2)量尺:钢卷尺、钢板尺、卡尺。
(3)补坑材料:与检查层位的材料相同。
(4)补坑用具:夯、热夯、水等。
(5)其他:搪瓷盘、棉纱等。

(二)方法与步骤

(1)根据现行规范的要求,随机取样决定挖坑检查的位置。如为旧路,该点有坑洞等显著缺陷或接缝时,可在其旁边检测。
(2)选一块约40cm×40cm的平坦表面作为试验地点,用毛刷将其清扫干净。
(3)根据材料坚硬程度,选择镐、铲、凿子等适当的工具,开挖这一层材料,直至层位底面。在便于开挖的前提下,开挖面积应尽量缩小,坑洞大体呈圆形,边开挖边将材料铲出,置于搪瓷盘中。
(4)用毛刷将坑底清扫,确认坑底面为下一层的顶面。
(5)将钢板尺平放横跨于坑的两边,用另一把钢尺或卡尺等量具在坑的中部位置垂直伸至坑底,测量坑底至钢板尺的距离,即为检查层的厚度,以毫米(mm)计,精确至1mm。

(三)数据计算与处理

按式(4-8)计算路面实测厚度和设计厚度之差。

$$\Delta T_i = T_{1i} - T_{0i} \tag{4-8}$$

式中:T_{1i}——路面的实测厚度,mm;
  T_{0i}——路面的设计厚度,mm;
  ΔT_i——路面实测厚度与设计厚度的差值,mm。

(四)检测记录与报告

水泥稳定粒料基层厚度检测报告应列表填写,并记录与设计厚度之差,不足设计厚度为负,大于设计厚度为正。

(五)水泥稳定粒料基层厚度评定

路面厚度是关系公路工程质量和造价的重要指标,既不能给承包人提供偷工减料的可能机会,又要考虑正常施工条件下的厚度偏差情况,以确保公路工程质量合格和工程造价的合理。因此常采用平均值的置信下限作为否决指标,单点极值作为扣分指标。

几种常用的路面基层厚度的代表值与极值的允许偏差如表4-2所示。

几种常用的路面基层厚度的代表值与极值的允许偏差　　　表 4-2

类型与层次		厚度（mm）				检查频率	权值
		代表值		合格值			
		高速公路、一级公路	其他公路	高速公路、一级公路	其他公路		
石灰土	基层	—	-10	—	-25	每200m每车道测1处	3
	底基层	-10	-12	-25	-30		
水泥稳定粒料	基层	-8	-10	-15	-20		
	底基层	-10	-12	-25	-30		

计算一个评定路段检测厚度的平均值、标准差、变异系数,并计算代表厚度。

厚度代表值为厚度算术平均值的下置信界限值,即:

$$h_L = \bar{h} - S \cdot \frac{t_\alpha}{\sqrt{n}} \tag{4-9}$$

式中:h_L——厚度代表值;

$\bar{h}$——厚度平均值;

S——标准差;

n——检查数量;

t_α——t 分布中随测点数和保证率(置信度 α)而变的系数。

采用的保证率:高速公路和一级公路的基层、底基层为 99%,面层为 95%;其他公路基层、底基层为 95%,面层为 90%。

当厚度代表值大于等于设计厚度减代表值允许偏差时,则按单个检查值的偏差是否超过极值来评定合格率和计算应得分数;当厚度代表值小于设计厚度减去代表值允许偏差时,则厚度指标评为零分。

【**例 4-1**】　某高速公路水泥稳定砂砾基层设计厚度为 18cm,代表值允许偏差为 -8mm,极值允许偏差为 -15mm。评定路段厚度检测结果(12 个测点)分别为 17.5cm、17.7cm、18.2cm、18.6cm、18.1cm、18.8cm、17.6cm、17.8cm、19.1cm、19.3cm、17.4cm、17.9cm,试按保证率 99% 评定该路段的厚度是否合格,并计算实际得分。

解　厚度平均值:

$\bar{h} = (17.5 + 17.7 + 18.2 + 18.6 + 18.1 + 18.8 + 17.6 + 17.8 + 19.1 + 19.3 + 17.4 + 17.9)/12$
　　$= 18.17 \text{cm}$

标准偏差:$S = 0.64 \text{cm}$

查附录 B 中附表 B 得:$t_\alpha/\sqrt{n} = 0.785$

厚度代表值 h_L:

$$h_L = \bar{h} - S \cdot t_\alpha/\sqrt{n} = 18.17 - 0.64 \times 0.785 = 17.67 \text{cm}$$

∵ $h_L = 17.67 \text{cm} > 18 - 0.8 = 17.2 \text{cm}$

所以,该路段厚度代表值符合要求。

由于各检测值 $h_i > 18 - 1.5 = 16.5 \text{cm}$

故合格率为 100%,实际得分为 100 分。

学习领域：道路工程检测

学习情境 4　路面基层和底基层质量检测与评定	班级		
工作任务 4.3　水泥稳定粒料基层厚度检测	姓名		学号
	日期		评分

一、任务内容

分组进行挖坑法测定路面基层厚度试验方法，并填写试验检测记录表和编制试验检测报告。

二、基本知识

1. 对于基层或砂石路面的厚度可用_____测定，沥青面层与水泥混凝土路面板的厚度应用_____测定。

2. 路面各结构层厚度的检测一般与_____同时进行，当用灌砂法进行压实度检测时，可量取_____即为结构层厚度；当用钻芯取样法检查压实度时，可以直接量取_____即为结构层厚度。

三、任务实施

1. 挖坑法测定路面基层厚度所需试验仪具与材料：

2. 钻芯法测定路面基层厚度的试验仪具与材料：

3. 测定路面基层厚度试验现场准备工作：

4. 挖坑法测定路面基层厚度测试步骤：

5. 钻芯法测定路面基层厚度测试步骤：

6. 填写试验检测记录表：
（见 JJ 1401 路基路面厚度试验检测记录表 挖坑及钻芯法）

7. 编制试验检测报告
（见 JB 021401 路基路面厚度试验检测报告）

四、任务小结

通过此工作任务的实施，各小组集中完成下述工作。

1. 你认为本次实训是否达到预期目的？还有什么意见和建议？

2. 水泥稳定粒料基层厚度如何评定？评定要点有哪些？

工作任务 4.4　水泥稳定粒料无侧限抗压强度检测

 **任务概述**

1. 应知应会

(1)了解无侧限抗压强度的目的及适用范围;熟悉无侧限抗压强度试件制备与养生和试验步骤。

(2)会进行无侧限抗压强度检测操作,数据计算与处理,填写试验检测记录表,编制试验检测报告。

2. 学习要求

(1)研读教材内容。

(2)查阅《公路工程无机结合料稳定材料试验规程》(JTG E51—2009)中 T 0805—1994 无机结合料稳定材料无侧限抗压强度试验方法。

(3)重视理论联系实际。

 相关知识

半刚性基层和底基层材料强度,以无侧限抗压强度为准。无侧限抗压强度是按照预定干密度用静力压实法制备试件或击锤法制备试件,试件在规定温度下保湿养生 6d、浸水 1d 后,在无侧向压力的条件下,抵抗轴向压力的极限强度。

本试验适用于测定无机结合料稳定材料试件的无侧限抗压强度。试件都是高:直径 = 1:1 的圆柱体,可用静力压实法制备试件或用击锤法制备试件,应该尽可能用静力压实法制备等干密度的试件。

 任务实施

(一)仪具与材料

(1)圆孔筛:孔径 40mm、25mm(或 20mm)及 5mm 的筛各一个。

(2)适用于下列不同土的试模尺寸为:细粒土(最大粒径不超过 10mm),试模的直径×高 = 50mm×50mm;中粒土(最大粒径不超过 25mm),试模的直径×高 = 100mm×100mm;粗粒土(最大粒径不超过 40mm),试模的直径×高 = 150mm×150mm。

(3)脱模器。

(4)反力框架:规格为 400kN 以上。

(5)液压千斤顶(200~1 000kN)。

(6)密封湿气箱或湿气池放在能保持恒温的小房间内①。

(7)水槽:深度应大于试件高度 50mm。

(8)路面材料强度试验仪或其他合适的压力机,但后者的规格应不大于 200kN。

(9)天平:感量 0.01g。

(10)台秤:称量 10kg,感量 5g。

(11)量筒、拌和工具、漏斗、大小铝盒、烘箱等。

(二)试件制备与养生

1. 试料准备

将具有代表性的风干试料(必要时,也可以在50℃烘箱内烘干),用木锤和木碾捣碎,但应避免破碎粒料的原粒径。将土过筛并进行分类。如试料为粗粒土,则除去大于40mm的颗粒备用;如试料为中粒土,则除去大于25mm或20mm的颗粒备用;如试料为细粒土,则除去大于10mm的颗粒备用。在预定做试验的前一天,取有代表性的试料测定其风干含水率。对于细粒土,试样应不少于100g;对于粒径小于25mm的中粒土,试样应不少于1 000g;对于粒径小于40mm的粗粒土,试样的质量应不少于2 000g。

2. 混合料最佳含水率和最大干密度的确定

用击实试验法确定无机结合料混合料最佳含水率和最大干密度。

3. 配制混合料

(1)对于无机结合料稳定细粒土,至少应该制6个试件;对于无机结合料稳定中粒土和粗粒土,至少分别应该制9个和13个试件。

(2)称取一定数量的风干土并计算干土的质量,其数量随试件大小而变。对于50mm×50mm的试件,1个试件约需干土180~210g;对于100mm×100mm的试件,1个试件约需干土1 700~1 900g;对于150mm×150mm的试件,1个试件约需干土5 700~6 000g。对于细粒土,可以一次称取6个试件的土;对于中粒土,可以一次称取3个试件的土;对于粗粒土,一次只称取一个试件的土。

(3)将称好的土放在长方盘(约400mm×600mm×70mm)内。向土中加水,对于细粒土(特别是黏性土)使其含水率较最佳含水率小3%,对于中粒土和粗粒土可按最佳含水率加水[应加的水量可按式(4-10)计算]。将土和水拌和均匀后放在密闭容器内浸润备用。如为石灰稳定土和水泥、石灰综合稳定土,可将石灰和土一起拌匀后进行浸润。浸润时间:黏性土12~24h,粉性土6~8h,砂性土、砂砾土、红土砂砾、级配砂砾等可以缩短到4h左右;含土很少的未筛分碎石、砂砾及砂可以缩短到2h。

$$Q_w = \left(\frac{Q_n}{1+0.01w_n} + \frac{Q_c}{1+0.01w_c}\right) \times 0.01w - \frac{Q_n}{1+0.01w_n} \times 0.01w_n - \frac{Q_c}{1+0.01w_c} \times 0.01w_c \quad (4\text{-}10)$$

式中:Q_w——混合料中应加的水量,g;

Q_n——混合料中素土(或集料)的质量,g;其含水率为w_n(风干含水率),%;

Q_c——混合料中水泥或石灰的质量,g;其原始含水率为w_c(%)(水泥的w_c通常很小,也可以忽略不计);

w——要求达到的混合料的含水率,%。

(4)在浸润过的试料中,加入预定数量的水泥或石灰①并拌和均匀。在拌和过程中,应将预留的3%的水(对于细粒土)加入土中,使混合料的含水率达到最佳含水率。拌和均匀的加有水泥的混合料应在1h内按下述方法制成试件,超过1h的混合料应该作废。其他结合料稳定土,混合料虽不受此限,但也应尽快制成试件。

4. 按预定的干密度制件

用反力框架和液压千斤顶制件。制备一个预定干密度的试件,需要的稳定土混合料数量m_1(g)随试模的尺寸而变。

$$m_1 = \rho_d V(1+w) \quad (4\text{-}11)$$

式中:V——试模的体积;

w——稳定土混合料的含水率,%;

ρ_d——稳定土试件的干密度,g/cm^3。

将试模的下压柱放入试模的下部①,但外露2cm左右。将称量的规定数量$m_2(g)$的稳定土混合料分2~3次灌入试模中(利用漏斗),每次灌入后用夯棒轻轻均匀插实。如制的是50mm×50mm的小试件,则可以将混合料一次倒入试模中。然后将上压柱放入试模内。应使其也外露2cm左右(即上下压柱露出试模外的部分应该相等)。将整个试模(连同上下压柱)放到反力框架内的千斤顶上(千斤顶下应放一扁球座),加压直到上下压柱都压入试模为止。维持压力1min。解除压力后,取下试模,拿去上压柱,并放到脱模器上将试件顶出②(利用千斤顶和下压柱)。称试件的质量m_2,小试件精确到1g;中试件精确到2g;大试件精确到5g③。然后用游标卡尺量试件的高度h,准确到0.1mm。

注①:事先在试模的内壁及上下压柱的底面涂一薄层机油。

注②:用水泥稳定有黏结性的材料时,制件后可以立即脱模;用水泥稳定无黏结性材料时,最好过几小时再脱模。

注③:小试件指50mm×50mm的试件,中试件指100mm×100mm的试件,大试件指150mm×150mm的试件,下同。

5. 养生

试件从试模内脱出并称量后,应立即放到密封湿气箱和恒温室内进行保温保湿养生。但中试件和大试件应先用塑料薄膜包覆。有条件时,可采用蜡封保湿养生。养生时间视需要而定,作为工地控制,通常都只取7d。整个养生期间的温度,在北方地区应保持在$(20±2)$℃,在南方地区应保持在$(25±2)$℃。养生期的最后一天,应该将试件浸泡在水中,水的深度应使水面在试件顶上约2.5cm。在水中浸泡之前,应再次称试件的质量m_3。在养生期间,试件质量的损失应该符合下列规定:小试件不超过1g;中试件不超过4g;大试件不超过10g。质量损失超过此规定的试件,应该作废。

(三)试验步骤

(1)将已浸水一昼夜的试件从水中取出,用软的旧布吸去试件表面的可见自由水,并称试件的质量m_4。

(2)用游标卡尺量试件的高度h_1,精确到0.1mm。

(3)将试件放到路面材料强度试验仪的升降台上(台上先放一扁球座),进行抗压试验。试验过程中,应使试件的形变等速增加,并保持速率约为1mm/min。记录试件破坏时的最大压力$P(N)$。

(4)从试件内部取有代表性的样品(经过打破)测定其含水率w。

(四)数据计算与处理

(1)试件的无侧限抗压强度用式(4-12)计算。

$$对于小试件:R = \frac{P}{A} = 0.0051P(MPa) \tag{4-12}$$

$$对于中试件:R = \frac{P}{A} = 0.001273P(MPa)$$

$$对于大试件: R = \frac{P}{A} = 0.000\,566P\,(\text{MPa})$$

式中：P——试件破坏时的最大压力，N；

A——试件的截面积。

(2)精密度或允许误差。若干次平行试验的偏差系数 C_v(%)应符合下列规定：

小试件，不大于10%；

中试件，不大于15%；

大试件，不大于20%。

(五)检测记录与报告

检测报告应包括以下内容：

(1)材料的颗粒组成。

(2)水泥的种类和强度等级或石灰的等级。

(3)确定最佳含水率时的结合料用量以及最佳含水率(%)和最大干密度(g/cm^3)。

(4)水泥或石灰剂量(%)或石灰(或水泥)、粉煤灰和集料的比例。

(5)试件干密度(准确到$0.01 g/cm^3$)或压实度。

(6)吸水量以及测抗压强度时的含水率(%)。

(7)抗压强度：小于2.0MPa时，采用两位小数，并用偶数表示；大于2.0MPa时，采用1位小数。

(8)若几个试验结果的最小值和最大值、平均值 $\bar{R}_c$、标准差 S、偏差系数 C_v 和95%概率的值 $R_c 0.95\,(=\bar{R}_c - 1.645S)$。

(六)水泥稳定粒料无侧限抗压强度评定

(1)半刚性基层和底基层材料强度，以规定温度下保湿养生6d、浸水1d后的7d无侧限抗压强度为准。

(2)在现场按规定频率取样，按工地预定达到的压实度制备试件。每$2\,000\,m^2$或每工作班制备1组试件：不论稳定细粒土、中粒土或粗粒土，当多次偏差系数 $C_v \leq 10\%$ 时，可为6个试件；$C_v = 10\% \sim 15\%$ 时，可为9个试件；$C_v > 15\%$ 时，则需13个试件。

(3)试件的平均强度 R 应满足下式要求：

$$R \geq R_d / (1 - Z_\alpha C_v) \tag{4-13}$$

式中：R_d——设计抗压强度，MPa；

C_v——试验结果的偏差系数(以小数计)；

Z_α——标准正态分布表中随保证率而变的系数；

高速公路、一级公路，保证率95%，$Z_\alpha = 1.645$；

其他公路，保证率90%，$Z_\alpha = 1.282$。

(4)评定路段内半刚性材料强度评为不合格时相应分项工程为不合格。

学习领域:道路工程检测

学习情境4 路面基层和底基层质量检测与评定 工作任务4.4 水泥稳定粒料无侧限抗压强度检测	班级			
	姓名		学号	
	日期		评分	

一、任务内容

分组进行水泥稳定粒料无侧限抗压强度检测,并填写试验检测记录表和编制试验检测报告。

二、基本知识

1. 无侧限抗压强度是按照预定干密度用_____制备试件或_____制备试件,试件在规定温度下保湿养生____d、浸水____d后,在无侧向压力的条件下,抵抗轴向压力的极限强度。

2. 无侧限抗压强度试验试件都是高:直径 = _____的圆柱体,可用静力压实法制备试件或击锤法制备试件,应该尽可能用_____制备等干密度的试件。

三、任务实施

1. 检测所需仪具与材料:

2. 试样制备与养生:

3. 试验步骤:

4. 数据计算与处理:

5. 填写试验检测记录表:

(见 JJ 0703 无机结合料无侧限抗压强度试验试验记录表)

6. 编制试验检测报告

(见 JB 010704 无机结合料无侧限抗压强度试验检测报告)

四、任务小结

通过此工作任务的实施,各小组集中完成下述工作。

1. 你认为本次实训是否达到预期目的?还有什么意见和建议?

2. 水泥稳定粒料无侧限抗压强度检测中如何配制混合料?

3. 水泥稳定粒料基层无侧限抗压强度如何评定?评定要点有哪些?

学习情境 5　水泥混凝土面层质量检测与评定

情境概述

一、职业能力分析

通过本情境的学习,期望达到下列目标。

1. 专业能力

(1)了解水泥混凝土面层的一般规定、分类、外观鉴定。
(2)熟悉水泥混凝土面层的基本要求、实测项目。
(3)掌握水泥混凝土面层的实测关键项目。
(4)会水泥混凝土面层分项工程质量检验评定。
(5)会水泥混凝土面层实测关键项目弯拉强度、厚度等的检查和评定。

2. 社会能力

(1)通过分组活动,培养团队协作能力。
(2)通过规范文明操作,培养良好的职业道德和安全环保意识。
(3)通过小组讨论、上台演讲评述,培养表达沟通能力。

3. 方法能力

(1)通过查阅资料、文献,培养个人自学能力和获取信息能力。
(2)通过情境化的任务单元活动,掌握解决实际问题的能力。
(3)填写任务工作单,制订工作计划,培养工作方法能力。
(4)能独立使用各种媒体完成工作任务。

二、学习情境描述

水泥混凝土路面是指以水泥混凝土为主要材料做面层的路面,简称水泥路面,是一种刚度较大、扩散荷载应力能力强、稳定性好和使用寿命长的路面结构,有素混凝土、钢筋混凝土、连续配筋混凝土、预应力混凝土、钢纤维混凝土和装配式混凝土等各种路面类型。

目前,我国采用最广泛的是现场浇筑的普通混凝土路面,即素混凝土路面,这类混凝土路面除接缝区和局部范围(边缘或角隅)外,不配置钢筋。

本学习情境主要介绍水泥混凝土面层质量检验评定,实测关键项目弯拉强度、板厚度等的检查和评定方法;划分为3个工作任务,内容主要包括:水泥混凝土面层质量评定,水泥混凝土面层板厚度检测,水泥混凝土弯拉强度检测。

三、教学环境要求

本学习情境要求在道路检测实训基地完成,配备3个工作任务需用的仪具与材料分别各4套,同时提供实训基地道路工程概况,相关设备的使用说明书,《公路工程质量检验评定标准》(JTG F80/1—2004)和《公路路基路面现场测试规程》(JTG E60—2008)各4本;可以用于资料查询的电脑、任务工作单、分项工程质量检验评定表、试验检测记录表,试验检测报告表,多媒体教学设备、课件和视频教学资料等。

学生分成4个小组,各组独立完成相关的工作任务,并在教学完成后提交任务工作单和试验检测记录表,试验检测报告。

工作任务5.1 水泥混凝土面层质量评定

任务概述

1. 应知应会

(1)了解水泥混凝土面层的外观鉴定和质量保证资料。

(2)熟悉水泥混凝土面层基本要求。

(3)会水泥混凝土面层各实测项目的计分、分项工程得分、分项工程评分及等级评定。

2. 学习要求

(1)研读教材内容。

(2)查阅《公路工程质量检验评定标准》(JTG F80/1—2004)中第7章。

(3)重视理论联系实际。

相关知识

水泥混凝土面层实测项目有弯拉强度、板厚度、平整度、抗滑构造深度、相邻板高差、纵横缝直顺度、中线平面偏位、路面宽度、纵断高程、横坡等10项,其中弯拉强度、板厚度为实测关键项目。

(1)水泥混凝土面层实测项目规定值或允许偏差按高速公路、一级公路和其他公路(指二级及以下公路)两档设定。

(2)水泥混凝土面层实测项目规定的检查频率为双车道公路每一检查段内的检查频率[按平方米(m^2)或立方米(m^3)或工作班设定的检查频率除外],多车道公路的路面各结构层均须按其车道数与双车道之比,相应增加检查数量。

任务实施

1. 水泥混凝土面层基本要求

(1)基层质量必须符合规定要求,并应进行弯沉测定,验算的基层整体模量应满足设计要求。

(2)水泥强度、物理性能和化学成分应符合国家标准及有关规范的规定。

(3)粗细集料、水、外掺剂及接缝填缝料应符合设计和施工规范要求。

(4)施工配合比应根据现场测定水泥的实际强度进行计算,并经试验,选择采用最佳配合比。

(5)接缝的位置、规格、尺寸及传力杆、拉力杆的设置应符合设计要求。

(6)路面拉毛或机具压槽等抗滑措施,其构造深度应符合施工规范要求。

(7)面层与其他构造物相接应平顺,检查井井盖顶面高程应高于周边路面 1~3mm。雨水口高程按设计比路面低 5~8mm,路面边缘无积水现象。

(8)混凝土路面铺筑后按施工规范要求养生。

2. 实测项目

水泥混凝土面层实测项目见表 5-1。

水泥混凝土面层实测项目 表 5-1

项次	检查项目		规定值或允许偏差		检查方法和频率	权值
			高速公路一级公路	其他公路		
1△	弯拉强度(MPa)		在合格标准之内		按《公路工程质量检验评定标准》(JTG F80/1—2004)附录C检查	3
2△	板厚度(mm)	代表值	−5		按《公路工程质量检验评定标准》(JTG F80/1—2004)附录H检查 每200m每车道2处	3
		合格值	−10			
3	平整度	σ(mm)	1.2	2.0	平整度仪;全线每车道连续检测,每100m计算 σ、IRI	2
		IRI(m/km)	2.0	3.2		
		最大间隙 h(mm)	—	5	3m 直尺:半幅车道板带每200m测2处×10尺	
4	抗滑构造深度(mm)		一般路段不小于0.7且不大于1.1;特殊路段不小于0.8且不大于1.2	一般路段不小于0.5且不大于1.0;特殊路段不小于0.6且不大于1.1	铺砂法:每200m测1处	2
5	相邻板高差(mm)		2	3	抽量:每条胀缝2点;每200m抽纵、横缝各2条,每条2点	2
6	纵、横缝直顺度(mm)		10		纵缝20m拉线,每200m测4处;横缝沿板宽拉线,每200m测4条	1
7	中线平面偏位(mm)		20		经纬仪:每200m测4点	1
8	路面宽度(mm)		±20		抽量:每200m测4处	1
9	纵断高程(mm)		±10	±15	水准仪:每200m测4个断面	1
10	横坡(%)		±0.15	±0.25	水准仪:每200m测4个断面	1

注:表中 σ 为平整度仪测定的标准差;IRI 为国际平整度指数;h 为3m直尺与面层的最大间隙。

3. 水泥混凝土面层外观鉴定

(1)混凝土板的断裂块数,高速公路和一级公路不得超过评定路段混凝土板总块数的

0.2%,其他公路不得超过0.4%。不符合要求时每超过0.1%减2分。对于断裂板应采取适当措施予以处理。

(2)混凝土板表面的脱皮、印痕、裂纹和缺边掉角等病害现象,对于高速公路和一级公路,有上述缺陷的面积不得超过受检面积的0.2%,其他公路不得超过0.3%。不符合要求时每超过0.1%减2分。

对于连续配筋的混凝土路面和钢筋混凝土路面,因干缩、温缩产生的裂缝,可不减分。

(3)路面侧石直顺、曲线圆滑,越位20mm以上者,每处减1~2分。

(4)接缝填筑饱满密实,不污染路面。不符合要求时,累计长度每100m减2分。

(5)胀缝有明显缺陷时,每条减1~2分。

4. 水泥混凝土面层质量保证资料

(1)分项工程开工报告(含施工方案)。

(2)施工放样报验资料:①施工放样报验单;②施工放样报审单附件;③原地面高程测设记录。

(3)原材料检验资料。

(4)现场质量检验资料:①检验申请批复单;②水泥混凝土面层现场质量检验报告单;③水泥混凝土面层施工原始记录;④弯拉强度检验评定、弯拉强度检验汇总、弯拉强度试验记录;⑤相邻板高差汇总、相邻板高差检验记录;⑥纵段高程检验汇总、纵段高程测设记录;⑦路面厚度检验汇总、路面结构厚度检验记录;⑧宽度横坡检验汇总、宽度检测记录、横坡度检验记录等。

(5)交工资料:①中间交工证书;②分项工程质量检验评定。

任务工作单

学习领域:道路工程检测

学习情境5 水泥混凝土面层质量检测与评定 工作任务5.1 水泥混凝土面层质量评定	班级			
	姓名		学号	
	日期		评分	
一、任务内容 分组进行水泥混凝土面层质量评定,并填写分项工程质量检验评定表。 二、基本知识 1. 水泥混凝土面层实测项目有 _____、_____、_____、_____、_____、_____、_____、_____、_____等。 2. 施工放样报验资料包括_____、_____、_____。 三、任务实施 1. 水泥混凝土面层质量评定基本要求: 2. 水泥混凝土面层质量实测项目检查:				

3.水泥混凝土面层质量外观鉴定,不符合要求如何扣分?

4.水泥混凝土面层质量质量保证资料有哪些?不齐全如何扣分?

5.填写分项工程质量检验评定表:
(见水泥混凝土面层质量分项工程质量检验评定表)

四、任务小结
通过此工作任务的实施,各小组集中完成下述工作。
1.你认为本次实训是否达到预期目的?还有什么意见和建议?

2.水泥混凝土面层质量实测项目的计分、分项工程得分、分项工程评分及等级评定方法:

工作任务5.2 水泥混凝土面层板厚度检测

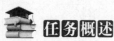 任务概述

1.应知应会

(1)了解钻芯法测定路面厚度的目的及适用范围;熟悉钻芯法测定路面厚度现场准备工作和测试步骤。

(2)会进行钻芯法测定路面厚度的检测操作,数据计算与处理,填写试验检测记录表,编制试验检测报告。

2.学习要求

(1)研读教材内容。

(2)查阅《公路路基路面现场测试规程》(JTG E60—2008)中 T 0912—2008 挖坑及钻芯法测定路面厚度试验方法。

(3)重视理论联系实际。

 相关知识

水泥混凝土面层厚度应用钻芯取样法测定,直接量取芯样高度即为结构层厚度,每200m 每车道检查2处。

任务实施

(一)仪具与材料

(1)路面取芯钻机:牵引式(可用手推)或车载式,钻机由发动机或电力驱动。钻头直径根据需要决定,选用直径 $\phi 100mm$ 或 $\phi 150mm$ 钻头,均有淋水冷却装置。

(2)量尺:钢卷尺、钢板尺、卡尺。

(3)补坑材料:与检查层位的材料相同。

(4)补坑用具:夯、热夯、水等。

(5)试样标签。

(6)其他:搪瓷盘、毛刷、硬纸、棉纱等。

(二)方法与步骤

1. 准备工作

(1)确定路段。可以是一个作业段、一天完成的路段,或按相关规范的规定选取一定长度的检查路段。

(2)按《公路路基路面现场测试规程》(JTG E60—2008)附录 A 的方法确定取样的位置。

(3)将取样位置清扫干净。

2. 试验步骤

(1)根据现行规范的要求,随机取样决定挖坑检查的位置。如为旧路,该点有坑洞等显著缺陷或接缝时,可在其旁边检测。

(2)用钻机在取样地点垂直对准路面放下钻头,牢固安放钻机,使其在运转过程中不得移动。芯样的直径应为 100mm。如芯样仅供测量厚度,不作其他试验,对沥青面层与水泥混凝土板也可用直径 50mm 的钻头。

(3)开放冷却水,启动电动机,徐徐压下钻杆,钻取芯样,但不得使劲下压钻头。待钻透全厚后,上抬钻杆,拔出钻头,停止转动,不使芯样损坏,取出芯样。沥青混合料芯样及水泥混凝土芯样可用清水漂洗干净备用。

(4)仔细取出芯样,清除底面灰尘,找出与下层的分界面。

(5)用钢板尺或卡尺沿圆周对称的十字方向四处量取表面至上下层界面的高度,取其平均值,即为该层的厚度,精确至 1mm。

(6)将钻取的芯样或切割的试块,妥善盛放于盛样器中,必要时用塑料袋封装。

(7)填写样品标签,一式两份,一份粘贴在试样上,另一份作为记录备查。

(8)对取样的钻孔或被切割的路面坑洞,应采用同类型材料填补压实,但取样时留下的水分应用棉纱等吸走,待干燥后再补坑。

试样标签示例见图 5-1。

(三)数据计算与处理

按式(5-1)计算路面实测厚度和设计厚度之差。

$$\Delta T_i = T_{1i} - T_{0i} \tag{5-1}$$

式中:T_{1i}——路面的实测厚度,mm;

T_{0i}——路面的设计厚度,mm;

ΔT_i——路面实测厚度与设计厚度的差值,mm。

试样编号：_____

路线或工程名称：_____

材料品种：_____

施工日期：_____

取样日期：_____

取样位置：桩号_____ 中心线左_____ m 右_____ m

取样人：_____

试样保管人：_____

备注：_____

（注明试样用途或试验结果等）

图 5-1　试样标签示例

（四）检测记录与报告

路面厚度检测报告应列表填写，并记录与设计厚度之差，不足设计厚度为负，大于设计厚度为正。

（五）水泥混凝土面层板厚度评定

路面厚度是关系公路工程质量和造价的重要指标，既不能给承包人提供偷工减料的可能机会，又要考虑正常施工条件下的厚度偏差情况，以确保公路工程质量合格和工程造价的合理。因此常采用平均值的置信下限作为否决指标，单点极值作为扣分指标。水泥混凝土面层厚度的代表值与极值的允许偏差如表 5-2 所示。

几种常用的路面结构层厚度的代表值与极值的允许偏差　　　　表 5-2

类型与层次	厚　度（mm）				检查频率	权值
	代表值		合格值			
	高速公路、一级公路	其他公路	高速公路、一级公路	其他公路		
水泥混凝土面层	-5	-5	-10	-10	每200m每车道测2处	

计算一个评定路段检测厚度的平均值、标准差、变异系数，并计算代表厚度。

厚度代表值为厚度的算术平均值的下置信界限值，即：

$$h_L = \bar{h} - \frac{S \cdot t_\alpha}{\sqrt{n}} \tag{5-2}$$

式中：h_L——厚度代表值；

$\bar{h}$——厚度平均值；

S——标准差；

n——检查数量；

t_α——t 分布中随测点数和保证率（置信度 α）而变的系数。

采用的保证率：高速、一级公路基层、底基层为 99%，面层为 95%；其他公路基层、底基层为 95%，面层为 90%。

当厚度代表值大于等于设计厚度减代表值允许偏差时，则按单个检查值的偏差是否超过极值来评定合格率和计算应得分数;当厚度代表值小于设计厚度减去代表值允许偏差时,则厚度指标评为零分。

学习领域:道路工程检测

学习情境5 水泥混凝土面层质量检测与评定 工作任务5.2 水泥混凝土面层板厚度检测	班级			
	姓名		学号	
	日期		评分	
一、任务内容 分组采用钻芯取样法测定水泥混凝土面层板厚度,并填写试验检测记录表和编制试验检测报告。 二、基本知识 水泥混凝土面层厚度采用_____测定,直接量取_____即为结构层厚度,每200m每车道检查2处。 三、任务实施 1.钻芯法测定路面厚度所需试验仪具与材料: 2.测定路面厚度试验现场准备工作: 3.钻芯法测定路面厚度测试步骤: 4.填写试验检测记录表: (见JJ 1401路基路面厚度试验检测记录表钻芯法) 5.编制试验检测报告: (见JB 021401路基路面厚度试验检测报告) 四、任务小结 通过此工作任务的实施,各小组集中完成下述工作。 1.你认为本次实训是否达到预期目的?还有什么意见和建议? 2.水泥混凝土面层板厚度如何评定?评定要点有哪些?				

工作任务 5.3　水泥混凝土弯拉强度检测

任务概述

1. 应知应会

(1)了解水泥混凝土弯拉强度试验方法及适用情况,标准小梁法测定水泥混凝土弯拉强度的目的,熟悉水泥混凝土抗弯拉强度试验准备工作和测试步骤。

(2)了解钻芯劈裂法测定水泥混凝土路面劈裂抗拉强度的目的;熟悉水泥混凝土劈裂抗拉强度试验准备工作和测试步骤。

(3)会进行水泥混凝土弯拉强度试验检测操作,数据计算与处理,填写试验检测记录表,编制试验检测报告。

2. 学习要求

(1)研读教材内容。

(2)查阅《公路工程水泥及水泥混凝土试验规程》(JTG E30—2005)中 T 0558—2005 水泥混凝土抗弯拉强度试验方法和 T 0561—2005 水泥混凝土圆柱体劈裂抗拉强度试验方法。

(3)重视理论联系实际。

相关知识

水泥混凝土弯拉强度试验应使用标准小梁法或钻芯劈裂法,标准小梁法试件使用标准方法制作,标准养生时间 28d。高速公路和一级公路每工作班制作 2~4 组:日进度大于 1 000m 取 4 组,大于等于 500m 取 3 组,小于 500m 取 2 组。其他公路每工作班制作 1~3 组:日进度大于 1 000m 取 3 组,大于等于 500m 取 2 组,小于 500m 取 1 组。每组 3 个试件的平均值作为一个统计数据。

当标准小梁合格判定平均弯拉强度和最小弯拉强度中有一个不符合要求时,应在不合格路段每公里每车道钻取 3 个以上 φ150mm 的芯样,实测劈裂抗拉强度,通过各自工程的经验统计公式换算成弯拉强度。

(1)水泥混凝土弯拉强度试验方法规定了测定水泥混凝土抗弯拉极限强度的方法,以提供设计参数,检查水泥混凝土施工品质和确定抗弯拉弹性模量试验加荷标准,本方法适用于各类水泥混凝土棱柱体试件。

(2)水泥混凝土路面劈裂抗拉强度试验方法规定了测定水泥混凝土现场钻芯取样的劈裂抗拉强度的方法,本方法适于各类水泥混凝土的圆柱试件和现场芯样。

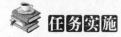任务实施

(一)仪具与材料

(1)压力机或万能试验机:应符合相关的规定。

(2)抗弯拉试验装置(图 5-2),即三分点处双点加荷和三点自由支承式混凝土抗弯拉强度与抗弯拉弹性模量试验装置。

(3)劈裂夹具、木质三合板垫层、钢垫条。劈裂抗拉试验装置见图 5-3。

钢垫条为平面,厚度不小于10mm,长度不短于试件边长。木质三合板或硬质纤维板垫层的宽度为20mm,厚度为3~4mm,长度不小于试件长度,垫层不得重复使用。支架为钢支架。

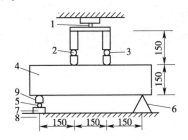
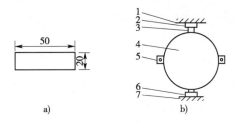

图5-2 抗弯拉试验装置(尺寸单位:mm)
1、2—一个钢球;3、5—两个钢球;4—试件;6—固定支座;7—活动支座;8—机台;9—活动船形垫块

图5-3 圆柱体芯样劈裂抗拉试验装置示意图(尺寸单位:mm)
a)夹具钢垫条;b)劈裂夹具
1、7—压力机压板;2、6—夹具钢垫条;3—木质或纤维垫层;4—试件;5—侧杆

(4)钢尺:分度值为1mm。

(二)方法与步骤

1. 标准小梁法测定水泥混凝土弯拉强度的试验方法

(1)试件尺寸应符合相关的规定,同时在试件长向中部1/3区段内表面不得有直径超过5mm、深度超过2mm的孔洞。

(2)混凝土抗弯拉强度试件应取同龄期者为一组,每组3根同条件制作和养护的试件。

(3)试件取出后,用湿毛巾覆盖并及时进行试验,保持试件干湿状态不变。在试件中部量出其宽度和高度,精确至1mm。

(4)调整两个可移动支座,将试件安放在支座上,试件成型时的侧面朝上,几何对中后,务必使支座及承压面与活动船形垫块的接触面平稳、均匀,否则应垫平。

(5)加荷时,应保持均匀、连续。当混凝土的强度等级小于C30时,加荷速度为0.02~0.05MPa/s;当混凝土的强度等级大于等于C30且小于C60时,加荷速度为0.05~0.08MPa/s;当混凝土的强度等级大于等于C60时,加荷速度为0.08~0.10MPa/s。当试件接近破坏而开始迅速变形时,不得调整试验机的油门,直至试件破坏,记下破坏极限荷载$F(N)$。

(6)记录下最大荷载和试件下边缘断裂的位置。

2. 钻芯劈裂法测定水泥混凝土路面劈裂抗拉强度的试验方法

(1)试件尺寸符合相关的规定。

(2)本试件应同龄期者为一组,每组为3个同条件制作和养护的混凝土试件。

(3)对于现场芯样,长径比大于等于1。适宜的长径比在1.9~2.1之间,最大长径比不能超过2.1。芯样的最小直径为100mm,直径至少是公称最大粒径的2倍。芯样在进行强度试验前需进行调湿,一般应在标准养护室养护24h。

(4)至试验龄期时,自养护室取出试件,用湿布覆盖,避免其湿度变化。测量出直径、高度并检查外形,精确至1mm。

(5)在试件中部画出劈裂面位置线。圆柱体的母线公差为0.15mm,这两条母线应位于同一轴向平面内,彼此相对,两条线的末端在试件的端面上相连,应为通过圆心的直径,以明确标明承压面。将试件、劈裂夹具、垫条和垫层放在压力机上,借助夹具两侧杆,将试件对中。开动压力机,当压力机压板与夹具垫条接近时,调整球座使压力均匀接触试件。当压力到5kN时,将夹具的侧杆抽掉。

(6)当混凝土的强度等级小于C30时,加荷速度为0.02~0.05MPa/s;当混凝土的强度等级大于或等于C30且小于C60时,加荷速度为0.05~0.08MPa/s;当混凝土的强度等级大于或等于C60时,加荷速度为0.08~0.10MPa/s。当试件接近破坏而开始迅速变形时,不得调整试验机的油门,直至试件破坏,记下破坏荷载$F(N)$。

(三)数据计算与处理

1. 标准小梁法测定水泥混凝土弯拉强度试验方法的数据计算与处理

(1)当断面发生在两个加荷点之间时,抗弯拉强度按式(5-3)计算。

$$f_f = \frac{FL}{bh^2} \tag{5-3}$$

式中:f_f——抗弯拉强度,MPa;
　　F——极限荷载,N;
　　L——支座间距离,mm;
　　b——试件宽度,mm;
　　h——试件高度,mm。

(2)以3个试件测值的算术平均值为测定值。3个试件中最大值或最小值中如有一个与中间值之差超过中间值的15%,则把最大值和最小值舍去,以中间值作为试件的抗弯拉强度;如最大值和最小值与中间值之差值均超过中间值15%,则该组试验结果无效。

3个试件中如有一个断裂面位于加荷点外侧,则混凝土抗弯拉强度按另外两个试件的试验结果计算。如果这两个测值的差值不大于这两个测值中较小值的15%,则以两个测值的平均值为测试结果,否则结果无效。

如果有两根试件均出现断裂面位于加荷点外侧,则该组结果无效,断面位置在试件断块短边一侧的底面中轴线上量得。

抗弯拉强度计算精确到0.01MPa。

(3)采用100mm×100mm×400mm非标准试件时,在三分点加荷的试验方法同前,但所取得的抗弯拉强度值应乘以尺寸换算系数0.85。当混凝土强度等级大于等于C60时,应采用标准试件。

2. 钻芯劈裂法测定水泥混凝土路面劈裂抗拉强度试验方法的数据计算与处理

(1)圆柱体劈裂抗拉强度f_{ct}按下式计算:

$$f_{ct} = \frac{2F}{\pi d_m l_m} \tag{5-4}$$

式中:f_{ct}——圆柱体劈裂抗拉强度,MPa;
　　F——极限荷载,N;
　　d_m——圆柱体截面的平均直径,mm;
　　l_m——圆柱体平均直径,mm。

(2)劈裂抗拉强度测定值的计算机异常数据的取舍原则为:以3个试件测值算术平均值为测定值。如3个试件中的最大值或最小值中有一个与中间值之差超过中间值的15%,则取中间值为测定值;如有两个测值与中间值之差值均超过上述规定,则该组试验无效。计算结果精确到0.01MPa。

(四)检测记录与报告

(1)标准小梁法测定水泥混凝土弯拉强度试验方法试验报告应包括以下内容:
①要求检测的项目名称、执行标准;
②原材料的品种、规格和产地;
③试验日期及时间;
④仪器设备的名称、型号及编号;
⑤环境温度和湿度;
⑥水泥混凝土抗弯拉强度值;
⑦要说明的其他内容。

(2)钻芯劈裂法测定水泥混凝土路面劈裂抗拉强度试验方法试验报告应包括以下内容:
①要求检测的项目名称、执行标准;
②原材料的品种、规格和产地;
③试验日期及时间;
④仪器设备的名称、型号及编号;
⑤环境温度和湿度;
⑥圆柱体劈裂抗拉强度值;
⑦要说明的其他内容。

(五)水泥混凝土弯拉强度评定

(1)水泥混凝土弯拉强度的合格标准。
①试件组数大于10组时,平均弯拉强度合格判断式为:

$$f_{cs} \geqslant f_r + K\sigma$$

式中:f_{cs}——混凝土合格判定平均弯拉强度,MPa;
  f_r——设计弯拉强度标准值,MPa;
  K——合格判定系数,见表5-3;
  σ——强度标准差。

合格判定系数　　　　　　　　　　　　　表5-3

试件组数 n	11~14	15~19	≥20
K	0.75	0.70	0.65

②当试件组数为11~19组时,允许有一组最小弯拉强度小于$0.85f_r$,但不得小于$0.80f_r$。当试件组数大于20组时,其他公路允许有一组最小弯拉强度小于$0.85f_r$,但不得小于$0.75f_r$;高速公路和一级公路均不得小于$0.85f_r$。

③试件组数等于或少于10组时,试件平均强度不得小于$1.10f_r$,任一组强度均不得小于$0.85f_r$。

(2)当标准小梁法合格判定平均弯拉强度f_{cs}和最小弯拉强度f_{min}中有一个不符合上述要求时,应在不合格路段每公里每车道钻取3个以上$\phi150mm$的芯样,实测劈裂强度,通过各自工程的经验统计公式换算弯拉强度,其判定平均弯拉强度f_{cs}和最小值f_{min}必须合格;否则,应返工重铺。

(3)实测项目中,水泥混凝土弯拉强度评为不合格时相应分项工程评为不合格。

学习领域：道路工程检测

学习情境 5　水泥混凝土面层质量检测与评定 工作任务 5.3　水泥混凝土弯拉强度检测	班级			
	姓名		学号	
	日期		评分	

一、任务内容

分组用标准小梁法或钻芯劈裂法测定水泥混凝土路面抗弯拉强度，并填写试验检测记录表和编制试验检测报告。

二、基本知识

1. 水泥混凝土弯拉强度试验应使用_____或_____，标准小梁法试件使用标准方法制作，标准养生时间28d。

2. 当标准小梁法合格判定平均弯拉强度和最小弯拉强度中有一个不符合要求时，应在不合格路段每公里每车道钻取____个以上 ϕ150mm 的芯样，实测_____，通过各自工程的经验统计公式换算成弯拉强度。

三、任务实施

1. 水泥混凝土弯拉强度试验所需仪具与材料：

2. 水泥混凝土弯拉强度试件准备：

3. 水泥混凝土弯拉强度试验测试步骤：

4. 填写试验检测记录表：

（见 JJ 1403 水泥混凝土路面强度检测记录表）

5. 编制试验检测报告

（见 JB 021403 水泥混凝土路面强度检测报告）

四、任务小结

通过此工作任务的实施，各小组集中完成下述工作。

1. 你认为本次实训是否达到预期目的？还有什么意见和建议？

2. 水泥混凝土弯拉强度如何评定？评定要点有哪些？

学习情境6　沥青混凝土面层质量检测与评定

情境概述

一、职业能力分析

通过本情境的学习,期望达到下列目标。

1. 专业能力

(1) 了解沥青混凝土面层的一般规定、分类、外观鉴定。

(2) 熟悉沥青混凝土面层的基本要求、实测项目。

(3) 掌握沥青混凝土面层的实测关键项目。

(4) 会沥青混凝土面层分项工程质量检验评定。

(5) 会沥青混凝土面层实测关键项目压实度、厚度、平整度等的检查和评定。

2. 社会能力

(1) 通过分组活动,培养团队协作能力。

(2) 通过规范文明操作,培养良好的职业道德和安全环保意识。

(3) 通过小组讨论、上台演讲评述,培养表达沟通能力。

3. 方法能力

(1) 通过查阅资料、文献,培养个人自学能力和获取信息能力。

(2) 通过情境化的任务单元活动,掌握解决实际问题的能力。

(3) 填写任务工作单,制订工作计划,培养工作方法能力。

(4) 能独立使用各种媒体完成工作任务。

二、学习情境描述

沥青路面是指在柔性基层、半刚性基层上,铺筑一定厚度的沥青混合料面层的路面结构。

沥青路面结构层可由面层、基层、底基层、垫层组成。

面层是直接承受车轮荷载反复作用和自然因素影响的结构层,可由1~3层组成。表面层应根据适用要求设置抗滑耐磨、密实稳定的沥青层;中面层、下面层应根据公路等级、沥青层厚度、气候条件等选择适当的沥青结构层。

沥青路面分类按技术品质和使用情况分为以下几种类型。

(1) 沥青混凝土路面:由适当比例的各种不同大小颗粒的集料、矿粉和沥青,加热到一定温度后拌和,经摊铺压实而成的路面面层。沥青混凝土路面适用于各级公路面层。

(2)沥青碎石路面:用沥青碎石作面层的路面。

(3)沥青贯入式路面:用沥青贯入碎(砾)石作基层、联结层、面层的路面。即在初步压实的碎石(或破碎砾石)上,分层浇洒沥青、撒布嵌缝料,或再在上部铺筑热拌沥青混合料封层,经压实而成的沥青面层。

(4)沥青表面处治路面:用沥青和集料按层铺法或拌和法铺筑而成的厚度不超过3cm的沥青面层,表面处治按浇洒沥青和撒布集料的遍数不同,分为单层式、双层式、三层式。

沥青混凝土是目前沥青路面使用最多的一种材料,因此,本学习情境主要讲述沥青混凝土面层质量检测与评定,主要介绍沥青混凝土面层质量评定,沥青混凝土面层实测项目压实度、平整度、弯沉值、渗水系数、抗滑性能、厚度等的检查和评定方法。

本学习情境划分为7个工作任务,主要内容包括:沥青混凝土面层质量评定,钻芯法测定沥青面层压实度,沥青路面平整度检测,沥青路面弯沉值测试,沥青路面渗水系数测试,沥青路面抗滑性能检测,短脉冲雷达测定路面厚度等。

三、教学环境要求

本学习情境要求在道路检测实训基地完成,配备7个工作任务需用的仪具与材料分别各4套,同时提供实训基地道路工程概况,相关设备的使用说明书,《公路工程质量检验评定标准》(JTG F80/1—2004)和《公路路基路面现场测试规程》(JTG E60—2008)各4本;可以用于资料查询的电脑、任务工作单、分项工程质量检验评定表、试验检测记录表,试验检测报告表,多媒体教学设备、课件和视频教学资料等。

学生分成四个小组,各组独立完成相关的工作任务,并在教学完成后提交任务工作单和试验检测记录表,试验检测报告。

工作任务6.1 沥青混凝土面层质量评定

任务概述

1. 应知应会

(1)了解沥青混凝土面层的外观鉴定。

(2)熟悉一般规定;沥青混凝土面层的实测项目和基本要求。

(3)掌握沥青混凝土面层的实测关键项目;压实度、厚度、抗滑性能等的检查和评定方法。

2. 学习要求

(1)研读教材内容。

(2)查阅《公路工程质量检验评定标准》(JTG F80/1—2004)中第7章。

(3)重视理论联系实际。

相关知识

沥青混凝土面层以1~3km作为一个评定路段,每一侧车行道按规定频度,随机选取测点,将单个测定值与规定值或允许偏差进行比较,计算合格率,然后计算一个评定路段的平均值、极差、标准差及变异系数。

需要进行破损检测路面的指标,如厚度、压实度宜利用施工过程中的钻孔数据,同时按规定的方法计算代表值,厚度也可利用路面雷达连续测定路面剖面进行评定。

路面渗水系数与构造深度宜在施工过程中在路面成型后立即测定,但每一个点取3个测点的平均值,计算合格率。

(1)沥青混凝土路面工程的实测项目规定值或允许偏差按高速公路、一级公路和其他公路(指二级及以下公路)两档设定。对于在设计和合同文件中提高了技术要求的二级公路,其工程质量检验评定按设计和合同文件的要求进行,但不应高于高速公路、一级公路的检验评定标准。

(2)沥青混凝土路面工程实测项目规定的检查频率为双车道公路每一检查段内的检查频率[按平方米(m^2)或立方米(m^3)或工作班设定的检查频率除外],多车道公路的路面各结构层均须按其车道数与双车道之比,相应增加检查数量。

(3)沥青混凝土路面表层平整度规定值是指交工验收时应达到的平整度要求,其检查测定以自动或半自动的平整度仪为主,全线每车道连续测定按每100m输出结果计算合格率。采用3m直尺测定路面各结构层平整度时,以最大间隙作为指标,按尺数计算合格率。

(4)沥青混凝土路面表层渗水系数宜在路面成型后立即测定。

(5)沥青混凝土路面各结构层厚度按代表值和单点合格值设定允许偏差。当代表值偏差超过规定值时,该分项工程评为不合格;当代表值偏差满足要求时,按单个检查值的偏差不超过单点合格值的测点数计算合格率。

(6)材料要求和配比控制列入各节基本要求,可通过检查施工单位、工程监理单位的资料进行评定。

(7)水泥混凝土上加铺沥青面层的复合式路面,两种结构均需进行检查评定。

(8)沥青混凝土路面基层完工后应及时浇洒透层油或铺筑下封层,透层油透入深度不小于5mm,不得使用透入能力差的材料作透层油。对封层、透层、黏层油的浇洒要求同沥青表面处治层中基本规定。

任务实施

1. 基本要求

(1)沥青混合料的矿料质量及矿料级配应符合设计要求和施工规范的规定。

(2)严格控制各种矿料和沥青用量及各种材料和沥青混合料的加热温度,沥青材料及混合料的各项指标应符合设计和施工规范要求。沥青混合料的生产,每日应做抽提试验、马歇尔稳定度试验。矿料级配、沥青含量、马歇尔稳定度等结果的合格率应不小于90%。

(3)拌和后的沥青混合料应均匀一致,无花白,无粗细料分离和结团成块现象。

(4)基层必须碾压密实,表面干燥、清洁、无浮土,其平整度和路拱度应符合要求。

(5)摊铺时应严格控制摊铺厚度和平整度,避免离析,注意控制摊铺和碾压温度,碾压至要求的密实度。

2. 实测项目

沥青混凝土面层实测项目见表6-1。

沥青混凝土面层实测项目 表6-1

项次	检查项目		规定值或允许偏差		检查方法和频率	权值
			高速公路、一级公路	其他公路		
1△	压实度(%)		试验室标准密度的96%(*98%);最大理论密度的92%(*94%);试验段密度的98%(*99%)		按《公路工程质量检验评定标准》(JTG F80/1—2004)附录B检查,每200m测1处	3
2	平整度	σ(mm)	1.2	2.5	平整度仪:全线每车道连续按每100m计算IRI或σ	2
		IRI(m/km)	2.0	4.2		
		最大间隙h(mm)	—	5	3m直尺:每200m测2处×10尺	
3	弯沉值(0.01mm)		符合设计要求		按《公路工程质量检验评定标准》(JTG F80/1—2004)附录I检查	2
4	渗水系数		SMA路面200mL/min;其他沥青混凝土路面300mL/min	—	渗水试验仪:每200m测1处	2
5	抗滑	摩擦系数	符合设计要求	—	摆式仪:每200m测1处;摩擦系数测定车:全线连续	2
		构造深度			铺砂法:每200m测1处	
6△	厚度(mm)	代表值	总厚度:设计值的-8%;上面层:设计值的-10%	-8%H	按《公路工程质量检验评定标准》(JTG F80/1—2004)附录H检查,双车道每200m测1处	3
		合格值	总厚度:设计值的-10%;上面层:设计值的-20%	-15%H		
7	中线平面偏位(mm)		20	30	经纬仪:每200m测4点	
8	纵断高程(mm)		±10	±15	水准仪:每200m测4个断面	
9	宽度(mm)	有侧石	±20	±30	尺量:每200m测4个断面	
		无侧石	不小于设计值			
10	横坡(%)		±0.3	±0.5	水准仪:每200m测4处	

注:①表内压实度可选其中的1个或2个标准,并以合格率低的作为评定结果。带*号者是指SMA路面,其他为普通沥青混凝土路面。
②表列厚度仅规定负允许偏差。其他公路的厚度代表值和极值允许偏差按总厚度计,当总厚度≤60mm时,允许偏差分别为-5mm和-10mm;总厚度>60mm时,允许偏差分别为-8%和-15%的总厚度。H为总厚度(mm)。

3. 外观鉴定

(1) 表面应平整密实,不应有泛油、松散、裂缝和明显离析等现象,对于高速公路和一级公路,有上述缺陷的面积(凡属单条的裂缝,则按其实际长度乘以 0.2m 宽度,折算成面积)之和不得超过受检面积的 0.03%,其他公路不得超过 0.05%。不符合要求时每超过 0.03% 或 0.05% 减 2 分。半刚性基层的反射裂缝可不计作施工缺陷,但应及时进行灌缝处理。

(2) 搭接处应紧密、平顺,烫缝不应枯焦。不符合要求时,累计每 10m 长减 1 分。

(3) 面层与路缘石及其他构筑物应密贴接顺,不得有积水或漏水现象。不符合要求时,每一处减 1~2 分。

4. 质量保证资料

(1) 分项工程开工报告(含施工方案)。
(2) 分项工程施工放样报验资料。
(3) 分项工程原材料检验资料。
(4) 分项工程现场质量检验资料。
(5) 分项工程中间交工资料。

任务工作单

学习领域:道路工程检测

学习情境 6　沥青混凝土面层质量检测与评定	班级			
工作任务 6.1　沥青混凝土面层质量评定	姓名		学号	
	日期		评分	

一、任务内容

分组进行沥青混凝土面层质量评定,并填写分项工程质量检验评定表。

二、基本知识

1. 沥青混凝土面层以_____ km 作为一个评定路段,每一侧车行道按规定频度,随机选取测点,将单个测定值与_____或允许偏差进行比较,计算合格率,然后计算一个评定路段的平均值、极差、标准差及变异系数。

2. 沥青混凝土面层的实测项目规定值或允许偏差按_____和其他公路(指二级及以下公路)两档设定。

3. 沥青混凝土路面各结构层厚度按代表值和单点合格值设定允许偏差。当代表值偏差超过规定值时,该分项工程评为_____;当代表值偏差满足要求时,按_____计算合格率。

三、任务实施

1. 沥青混凝土面层基本要求检查:

2. 沥青混凝土面层实测项目检查:

3.沥青混凝土面层外观鉴定,不符合要求时应如何扣分?

4.沥青混凝土面层质量保证资料有哪些?不齐全时应如何扣分?

5.填写分项工程质量检验评定表:
(见沥青混凝土面层分项工程质量检验评定表)
四、任务小结
通过此工作任务的实施,各小组集中完成下述工作。
1.你认为本次实训是否达到预期目的?还有什么意见和建议?

2.沥青混凝土面层各实测项目的计分、分项工程得分、分项工程评分及等级评定方法:

工作任务6.2 钻芯法测定沥青面层压实度

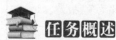 任务概述

1.应知应会

(1)了解钻芯法测定沥青路面压实度的目的及适用范围;熟悉钻芯法测定路面压实度现场准备工作和测试步骤。

(2)会进行钻芯法测定路面压实度的检测操作,数据计算与处理,填写试验检测记录表,编制试验检测报告。

2.学习要求

(1)研读教材内容。

(2)查阅《公路路基路面现场测试规程》(JTG E60—2008)中 T 0924 钻芯法测定路面压实度试验方法和《公路工程沥青及沥青混合料试验规程》(JTG E20—2011)中 T 0705～T 0708 压实沥青混合料密度试验。

(3)重视理论联系实际。

 相关知识

对沥青面层、沥青稳定基层而言,压实度是指现场达到的密度与室内标准密度的比值,

以百分率表示。因此,压实度的测定主要包括室内标准密度确定和现场密度试验。

沥青面层压实度检测方法有:钻芯法、无核密度仪法。国内外检验均以钻芯法为准,即从压实的沥青路面上钻取的沥青混合料芯样试件的密度,以评定沥青面层的施工压实度;无核密度仪法适用于现场快速测定沥青路面各层沥青混合料的密度并计算施工压实度,一般用于施工过程控制。本工作任务采用钻芯法测定沥青面层压实度。

根据《公路沥青路面施工技术规范》(JTJ F40—2004)附录 E 的规定,沥青混合料标准密度有 3 个标准密度可供选择:沥青拌和厂取样试验的马歇尔击实密度、试验路段取芯密度、沥青混合料最大相对理论密度。我国以沥青拌和厂取样试验的马歇尔击实密度为主。

任务实施

(一)仪具与材料

(1)路面取芯钻机。

(2)天平:感量不大于 0.1g。

(3)水槽。

(4)吊篮。

(5)石蜡。

(6)其他:卡尺、毛刷、小勺、取样袋(容器)、电风扇。

(二)方法与步骤

1. 钻取芯样

按《公路路基路面现场测试规程》(JTG E60—2008)"T 0901 取样方法"钻取路面芯样,芯样直径不宜小于 φ100mm。当一次钻机取得的芯样包含有不同层位的沥青混合料时,应根据结构组合情况用切割机将芯样沿各层结合面锯开分层进行测定。

钻孔取样应在路面完全冷却后进行,对普通沥青路面通常在第二天取样,对改性沥青及 SMA 路面宜在第三天以后取样。

2. 压实度标准密度的计算

根据《公路沥青路面施工技术规范》(JTJ F40—2004)附录 E 的规定,确定计算压实度的标准密度。

3. 测定试件密度

(1)将钻取的试件在水中用毛刷轻轻刷净黏附的粉尘。如试件边角有浮松颗粒,应仔细清除。

(2)将试件晾干或电风扇吹干不少于 24h,直至恒重。

(3)按现行《公路工程沥青及沥青混合料试验规程》(JTG E20—2011)中 T 0705～T 0708 压实沥青混合料密度试验方法测定试件密度 ρ_s。

对吸水率小于 0.5% 特别致密的沥青混合料,采用水中重法测定表观相对密度。

对吸水率不大于 2% 的试件,采用表干法测定试件的毛体积相对密度。

对吸水率大于 2% 的试件,采用蜡封法测定试件的毛体积相对密度。

空隙率较大的沥青碎石混合料及大空隙透水性开级配沥青混合料试件,采用体积法测定试件的毛体积相对密度。

（三）数据计算与处理

（1）当计算压实度的标准密度采用每天试验室实测的马歇尔击实试件或试验路段钻孔取样的密度时，沥青面层的压实度按式(6-1)计算。

$$K = 100 \times \frac{\rho_s}{\rho_0} \tag{6-1}$$

式中：K——沥青面层某一测定部位的压实度，%；

ρ_s——沥青混合料芯样试件的实际密度，g/cm^3；

ρ_0——沥青混合料的标准密度，g/cm^3。

（2）计算压实度的标准密度采用最大理论密度时，沥青面层的压实度按式(6-2)计算。

$$K = \frac{\rho_s}{\rho_1} \times 100 \tag{6-2}$$

式中：ρ_s——沥青混合料芯样试件的实际密度，g/cm^3；

ρ_1——沥青混合料的最大理论密度，g/cm^3。

（3）计算一个评定路段检测的压实度的平均值、标准差、变异系数，并计算代表压实度。

（四）检测记录与报告

压实度试验报告应记载压实度检查的标准密度及依据，并列表表示各测点的试验结果。

（五）沥青路面压实度评定

路面压实度以1～3km长的路段为检验评定单元，按要求的检测频率及方法进行现场压实度抽样检查，求算每一测点的压实度K_i。

压实度评定要点是：

（1）控制平均压实度的置信下限，以保证总体水平。

（2）规定单点极值不得超出规定值，防止局部隐患。

（3）规定扣分界限以区分质量优劣。

检验评定路段的压实度代表值K（算术平均值的下置信界限）为：

$$K = \overline{K} - S \cdot \frac{t_\alpha}{\sqrt{n}} \geqslant K_0 \tag{6-3}$$

式中：$\overline{K}$——检验评定路段内各测点压实度的平均值；

t_α——t分布表中随测点数和保证率（或置信度α）而变的系数；路基、路面面层为95%；其他公路：路基、路面面层为90%；

S——检测值的均方差；

n——检测点数；

K_0——压实度标准值。

沥青面层压实度评分方法如下：

当$K \geqslant K_0$且全部测点大于或等于规定值减1个百分点时，评定路段的压实度可得规定的满分。

当$K \geqslant K_0$时，对于测点值低于规定值减1个百分点的测点，按其占总检查点数的百分率计算扣分值。

当$K < K_0$时，该评定路段压实度为不合格，评分为零。

学习领域:道路工程检测

	班级			
学习情境6　沥青混凝土面层质量检测与评定 工作任务6.2　钻芯法测定沥青面层压实度	姓名		学号	
	日期		评分	

一、任务内容

分组进行钻芯法测定路面压实度试验,并填写试验检测记录表和编制试验检测报告。

二、基本知识

1.沥青混合料面层的压实度是按施工规范规定的方法测定的混合料试样的——与_____之比值,以百分率表示。

2.沥青面层压实度检测方法有:钻芯法、_____。

3.根据《公路沥青路面施工技术规范》(JTJ F40—2004)附录E的规定,沥青混合料标准密度有3个标准密度可供选择:_____、_____、_____。我国以_____为主。

三、任务实施

1.钻芯法测定路面压实度试验所需仪具与材料:

2.钻取芯样:

3.测定试件密度:

4.填写试验检测记录表:

(见 JJ 1401 路基路面压实度试验检测记录表 钻芯法)

5.编制试验检测报告

(见 JB 021401 路基路面压实度试验检测报告)

四、任务小结

通过此工作任务的实施,各小组集中完成下述工作。

1.你认为本次实训是否达到预期目的?还有什么意见和建议?

2.沥青路面压实度如何评定?评定要点有哪些?

工作任务 6.3 沥青路面平整度检测

任务概述

1. 应知应会

(1) 了解 3m 直尺、连续式平整度仪测定平整度的目的及适用范围;熟悉 3m 直尺、连续式平整度仪测定平整度现场准备工作和测试步骤。

(2) 会进行 3m 直尺测定平整度的检测操作,数据计算与处理,填写试验检测记录表,编制试验检测报告。

(3) 会进行连续式平整度仪测定平整度的检测操作,数据计算与处理,填写试验检测记录表,编制试验检测报告。

2. 学习要求

(1) 研读教材内容。

(2) 查阅《公路路基路面现场测试规程》(JTG E60—2008) 中 T 0931 3m 直尺测定平整度试验方法和 T 0932 连续式平整仪测定平整度试验方法。

(3) 重视理论联系实际。

相关知识

沥青混凝土路面表层平整度规定值是指交工验收时应达到的平整度要求,其检查测定以自动或半自动的平整度仪为主,全线每车道连续测定按每 100m 输出结果计算合格率。采用 3m 直尺测定路面各结构层平整度时,以最大间隙作为指标,按尺数计算合格率。

用 3m 直尺测定路表面的平整度,定义 3m 直尺基准面距离路表面的最大间隙表示路基路面的平整度,以毫米(mm)计。3m 直尺测定平整度适用于测定压实成型的路面各层表面的平整度,以评定路面的施工质量,也可用于路基表面成型后的施工平整度检测。

连续式平整度仪是近年来我国测定路面平整度的新型仪器,它通过测量路面不平整度的标准差 σ 来表示路面平整度,以毫米(mm)计,其主要优点是可以沿路面连续测量。它一般采用先进的微机处理技术,可自动计算、打印、显示路面平整度的标准差、正负超差等各项技术指标,并绘出路面平整度偏差曲线。连续式平整度仪法适用于测定路表面的平整度,评定路面的施工质量和使用质量,不适用于在已有较多坑槽、破损严重的路面上测定。

任务实施

(一)仪具与材料

(1) 3m 直尺:硬木或铝合金钢制,地面平直,长 3m,如图 6-1 所示。

(2) 最大间隙测量器具:

①楔形塞尺:木或金属制的三角形塞尺,有手柄。塞尺的长度与高度之比不小于 10,宽度不大于 15mm,边部有高度标记,刻度精度不小于 0.2mm,如图 6-2 所示。

②深度尺:金属制的深度测量尺,有手柄。深度尺测量杆端头直径不小于 10mm,刻度精度小于或等于 0.2mm。

(3) 其他:皮尺或钢尺、粉笔等。

(4)连续式平整度仪:连续式平整度仪构造如图 6-3 所示。除特殊情况外,连续式平整度仪的标准长度为 3m,其质量应符合仪器标准的要求。中间为一个 3m 长的机架,机架可缩短或折叠,前后各有 4 个行车轮,前后两组轮的轴间距离为 3m。机架中间有一个能起落的测定轮。机架上装有蓄电池电源及可拆卸的检测箱,检测箱可采用显示、记录、打印或绘图等方式输出测试结果。测定轮上装有位移传感器、距离传感器等检测器,自动采集位移数据时,测定间距为 10cm,每一计算区间的长度为 100m,输出一次结果。当为人工检测、无自动采集数据及计算功能时,应能记录测试曲线。机架头装有一牵引钩及手拉柄,可用人工或汽车牵引。

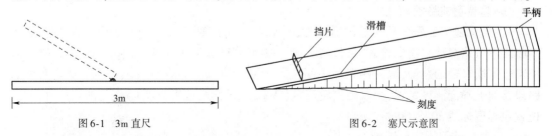

图 6-1 3m 直尺　　　　　　　　图 6-2 塞尺示意图

(5)牵引车:小面包车或其他小型牵引汽车。
(6)皮尺或测绳。

(二)方法与步骤

1.3m 直尺测试步骤

(1)选择测试路段。
(2)在测试路段路面上选择测试地点。
①当为施工过程中质量检测需要时,测试地点根据需要确定,可以单杆检测。
②当为路基、路面工程质量检查验收或进行路况评定需要时,应首尾相接连续测量 10 尺。除特殊需要外,应以行车道一侧车轮轮迹(距车道线 80~100cm)带作为连续测定的标准位置,如图 6-4 所示。

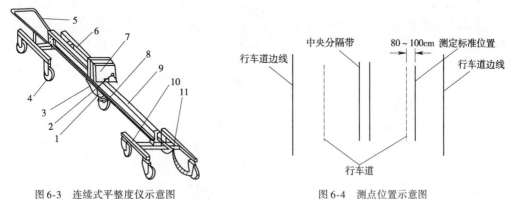

图 6-3　连续式平整度仪示意图　　　　　图 6-4　测点位置示意图
1-测量架;2-离合器;3-拉簧;4-脚轮;5-牵引架;6-前架;7-记录计;8-侧定轮;9-纵梁;10-后架;11-软轴

③对旧路面已形成车辙的路面,应取车辙中间位置为测定位置,用粉笔在路面上做好标记。
(3)在施工过程中检测时,按根据需要确定的方向,将 3m 直尺摆在测试地点的路面上。
(4)目测 3m 直尺底面与路面之间的间隙情况,确定间隙为最大的位置。
(5)用有高度标线的塞尺塞进间隙处,量记最大间隙的高度(mm),精确至 0.2mm,见图 6-5。
(6)施工结束后检测时,每 1 处连续检测 10 尺,按上述①~③步骤测记 10 个最大间隙。

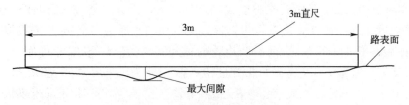

图 6-5　3m 直尺测平整度示意图

2. 连续式平整度仪测试步骤

(1) 选择测试路段。

(2) 当为施工工程中质量检测需要时,测试地点根据需要决定;当为路面工程质量检查验收或进行路况评定需要时,通常以行车道一侧车轮轮迹带作为连续测定的标准位置。对旧路已形成车辙的路面,取一侧车辙中间位置为测定位置。按第一条第 2 项的规定在测试路段路面上确定测试位置,当以内侧轮迹带(IWP)或外侧轮迹带(OWP)作为测定位时,测定位置距车道标线 80~100cm。

(3) 清扫路面测定位置处的杂物。

(4) 检查仪器检测箱各部分是否完好、灵敏,并将各连接线接妥,安装记录设备。

(5) 将连续式平整度测定仪置于测试路段路面起点上。

(6) 在牵引汽车的后部,将平整度的挂钩挂上后,放下测定轮,启动检测器及记录仪,随即启动汽车,沿道路纵向行驶,横向位置保持稳定,并检查平整度仪表上测定数字显示、打印、记录的情况。如遇检测设备中某项仪表发生故障,即须停止检测。牵引平整度仪的速度应保持匀速,速度宜为 5km/h,最大不得超过 12km/h。

(7) 在测试路段较短时,亦可用人力拖拉平整度仪测定路面的平整度,但拖拉时应保持匀速前进。

(三) 数据计算与处理

1. 3m 直尺

单尺检测路面的平整度计算,以 3m 直尺与路面的最大间隙为测定结果。连续测定 10 尺时,判断每个测定值是否合格,根据要求,计算合格百分率,并计算 10 个最大间隙的平均值。

$$合格率(\%) = \frac{合格尺数}{总测尺数} \times 100 \tag{6-4}$$

2. 连续式平整度仪

(1) 连续式平整度测定仪测定后,按每 10cm 间距采集的位移值自动计算每 100m 区间的平整度标准差(mm),还可记录测试长度(m)、曲线振幅大于某一定值(如 3mm、5mm、8mm、10mm 等)的次数、曲线振幅的单向(凸起或凹下)累计值及以 3m 机架为基准的中点路面偏差曲线图,计算打印。当为人工计算时,在记录曲线上任意设一基准线,每隔一定距离(宜为 1.5m)读取曲线偏离基准线的偏离位移值 d_i。

(2) 每一计算区间的路面平整度以该区间测定结果的标准差表示,按下式计算:

$$\sigma_i = \sqrt{\frac{\sum d_i^2 - (\sum d_i)^2/N}{N-1}} \tag{6-5}$$

式中:σ_i——各计算区间的平整度计算值,mm;

　　　d_i——以 100m 为一个计算区间,每隔一定距离(自动采集间距为 10cm,人工采集距为 1.5m)采集的路面凹凸偏差位移值,mm;

N——计算区间用于计算标准差的测试数据个数。

(3)计算每一个评定路段内各区间平整度标准差的平均值、标准差、变异系数及合格率。

(四)检测记录与报告

1. 3m 直尺

单尺检测的结果应随时记录测试位置及检测结果。连续测定 10 尺时,应报告平均值、不合格尺数、合格率。

2. 连续式平整度仪

试验应列表报告每一个评定路段内各测定区间的平整度标准差、各评定路段平整度的平均值、标准差、变异系数及不合格区间数。

任务工作单

学习领域:<u>道路工程检测</u>

学习情境6　沥青混凝土面层质量检测与评定 工作任务6.3　沥青路面平整度检测	班级			
	姓名		学号	
	日期		评分	

一、任务内容

分组进行沥青路面平整度检测,并填写试验检测记录表和编制试验检测报告。

二、基本知识

1. 用 3m 直尺测定路表面的平整度,定义_____表示路基路面的平整度,以毫米(mm)计。

2. 3m 直尺测定平整度适用于_____,以评定路面的施工质量,也可用于_____。

3. 用连续式平整度测定仪测定路表面的不平整度的_____,以表示路基路面的平整度,以毫米(mm)计。

4. 连续式平整度测定仪测定平整度适用于_____,以评定路面的施工质量和使用质量,但不适用于_____。

三、任务实施

1. 沥青路面平整度检测所需仪具与材料:

2. 沥青路面平整度检测的现场准备工作:

3. 沥青路面平整度检测测试步骤:

4. 填写试验检测记录表:

[见 JJ 1403 路基路面平整度试验检测记录表(3m 直尺法)]

5.编制试验检测报告

(见 JB 021403 路基路面平整度试验检测报告)

四、任务小结

通过此工作任务的实施,各小组集中完成下述工作。

1.你认为本次实训是否达到预期目的?还有什么意见和建议?

2.沥青路面平整度检测需要哪些仪具与材料?如何测定?

工作任务6.4 沥青路面弯沉值测试

任务概述

1.应知应会

(1)熟悉贝克曼梁测定沥青路面回弹弯沉的目的、适用范围、现场准备工作和测试步骤。

(2)会进行贝克曼梁测定沥青路面回弹弯沉的检测操作,数据计算与处理,填写试验检测记录表,编制试验检测报告。

2.学习要求

(1)研读教材内容。

(2)查阅《公路路基路面现场测试规程》(JTG E60—2008)中 T 0951—2008 贝克曼梁测定路基路面回弹弯沉试验方法。

(3)重视理论联系实际。

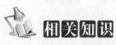

本工作任务采用贝克曼梁法测定沥青路面弯沉值。

沥青路面的弯沉检测以沥青面层平均温度20℃时为准,当路面平均温度在20℃±2℃时可不修正,在其他温度测试时,对沥青层厚度大于5cm的沥青路面,弯沉值应予温度修正。

任务实施

(一)仪具与材料

同工作任务1.3 土方路基弯沉值测试。

(二)方法与步骤

1.准备工作

(1)检查并保持测定用标准车的车况及制动性能良好,轮胎胎压符合规定充气压力。

(2)向汽车车槽中装载(铁块或集料),并用地中衡称量后轴总质量及单侧轮荷载,均应符合要求的轴重规定,汽车行驶及测定过程中,轴重不得变化。

(3)测定轮胎接地面积:平整光滑的硬质路面上用千斤顶将汽车后轴顶起,在轮胎下方铺一张新的复写纸和一张方格纸,轻轻落下千斤顶,即在方格纸上印上轮胎印痕,用求积仪或数方格的方法测算轮胎接地面积,准确至0.1cm^2。

(4)检查弯沉仪百分表量测灵敏情况。

(5)用路表温度计测定试验时气温及路表温度(一天中气温不断变化,应随时测定),并通过气象台了解前5d的平均气温(日最高气温与最低气温的平均值)。

(6)记录沥青路面修建或改建材料、结构、厚度、施工及养护等情况。

2. 测试步骤

同工作任务1.3 土方路基弯沉值测试。

(三)数据计算与处理

(1)测点的回弹弯沉值依下式(6-6)计算:

$$L_T = (L_1 - L_2) \times 2 \tag{6-6}$$

式中:L_T——在路面温度 T 时的回弹弯沉值,0.01mm;

L_1——车轮胎中心临近弯沉仪测头时百分表的最大读数,0.01mm;

L_2——汽车驶出弯沉影响半径后百分表的终读数,0.01mm。

(2)沥青面层厚度大于5cm的沥青路面,回弹弯沉值应进行温度修正。温度修正及回弹弯沉的计算宜按下列步骤进行。

①测定时的沥青层平均温度按式(6-7)计算:

$$t = (t_{25} + t_m + t_e)/3 \tag{6-7}$$

式中:t——测定时沥青层平均温度,℃;

t_{25}——根据 t_0 由图6-6决定的路表下25mm处的温度,℃;

t_m——根据 t_0 由图6-6决定的沥青层中间深度的温度,℃;

t_e——根据 t_0 由图6-6决定的沥青层底面处的温度,℃。

图6-5中t_0为测定时路表温度与测定前5d日平均气温的平均值之和(℃),日平均气温为日最高气温与最低气温的平均值。

②根据沥青层平均温度 t 及沥青层厚度,分别由图6-6及图6-7求取不同基层的沥青路面弯沉值的温度修正系数 K。

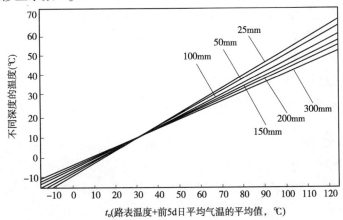

注:图中线上的数字表示从路表向下的不同深度(mm)。

图6-6 沥青层平均温度的决定

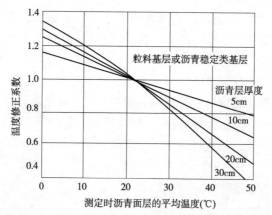

图 6-7　路面弯沉温度修正系数曲线(适用于粒料基层或沥青稳定类基层)

③沥青路面回弹弯沉按式(6-8)计算

$$l_{20} = l_t \times K \tag{6-8}$$

式中：K——温度修正系数；

　　　l_{20}——换算为20℃的沥青路面回弹弯沉值,0.01mm；

　　　l_t——测定时沥青面层的平均温度为 t 时的回弹弯沉值,0.01mm。

(四)检测记录与报告

报告应包括：

(1)弯沉测定表、测试时的路面温度及温度修正值。

(2)每一个评定路段的各测点弯沉的平均值、标准差及代表弯沉。

(五)沥青面层弯沉值评定

(1)沥青面层每一双车道评定路段(不超过1km)检查80~100个点,多车道公路必须按车道数与双车道之比,相应增加测点。

(2)弯沉代表值为弯沉测量值的上波动界限,按式(6-9)计算每一个评定路段的代表弯沉：

$$L_r = \bar{L} + Z_\alpha \cdot S \tag{6-9}$$

式中：L_r——一个评定路段的代表弯沉,0.01mm；

　　　$\bar{L}$——一个评定路段内经各项修正后的各测点弯沉的平均值,0.01mm；

　　　S——一个评定路段内经各项修正后全部测点弯沉的标准差,0.01mm；

　　　Z_α——与保证率有关的系数,高速、一级公路,对于沥青面层采用 $Z_\alpha = 1.645$；二、三级公路对于路基采用 $Z_\alpha = 1.5$。

(3)当沥青面层的弯沉代表值不符合要求时,可将超出 $\bar{L} \pm (2\sim3)S$ 的弯沉特异值舍弃,重新计算平均值和标准差。对舍弃的弯沉值大于 $\bar{L} + (2\sim3)S$ 的点,应找出其周围界限,进行局部处理。

(4)若用两台弯沉仪同时进行左右轮弯沉值测定时,应按两个独立测点计,不能采用左右两点平均值。

(5)测定时的路表温度对沥青面层的弯沉值有明显影响,应进行温度修正。当沥青层厚度小于或等于50mm时,或路表温度在20℃±2℃时,可不进行温度修正。若在非不利季节测定时,应考虑季节影响系数。

(6)弯沉代表值大于设计要求的弯沉值时相应分项工程为不合格。

学习领域：道路工程检测

学习情境6　沥青混凝土面层质量检测与评定	班级			
工作任务6.4　**沥青路面弯沉值测试**	姓名		学号	
	日期		评分	

一、任务内容

分组进行克曼梁测定路基路面回弹弯沉操作，并填写试验检测记录表和编制试验检测报告。

二、基本知识

1. 回弹弯沉值是指标准后轴载双轮组轮隙中心处的最大回弹弯沉值，以_____为单位。
2. 弯沉值的测试方法较多，沥青路面主要采用_____或_____测试，贝克曼梁法利用_____制成杠杆式弯沉仪测定轮隙弯沉。

三、任务实施

1. 贝克曼梁测定沥青路面回弹弯沉所需仪具与材料：

2. 贝克曼梁测定沥青路面回弹弯沉的准备工作：

3. 贝克曼梁测定沥青路面回弹弯沉的现场准备工作：

4. 贝克曼梁测定沥青路面回弹弯沉的测试步骤：

5. 填写试验检测记录表：

［见 JJ 1405 沥青路面弯沉试验检测记录表（贝克曼梁法）］

6. 编制试验检测报告：

（见 JB 021405 沥青路面弯沉试验检测报告）

四、任务小结

通过此工作任务的实施，各小组集中完成下述工作。

1. 你认为本次实训是否达到预期目的？还有什么意见和建议？

2. 贝克曼梁测定沥青路面回弹弯沉何时，为何要进行支点修正？

3. 沥青面层弯沉值如何评定？评定要点有哪些？

工作任务6.5 沥青路面渗水系数测试

1. 应知应会

（1）了解沥青路面渗水系数测试的目的及适用范围；熟悉沥青路面渗水系数测试现场准备工作和测试步骤。

（2）会进行沥青路面渗水系数测试的检测操作，数据计算与处理，填写试验检测记录表，编制试验检测报告。

2. 学习要求

（1）研读教材内容。

（2）查阅《公路路基路面现场测试规程》（JTG E60—2008）中 T 0971—2008 沥青路面渗水系数测试方法。

（3）重视理论联系实际。

沥青混凝土路面表层渗水系数宜在路面成型后立即测定。水通过路面裂缝、结构层粒料间的空隙渗入沥青路面内部，在行车荷载的作用下，沥青路面会出现唧浆、网裂、坑洞等多种破坏现象，导致基层软化、沥青面层开裂、松散等病害，使沥青路面整体强度下降。在多雨地区，应特别重视路面结构层的水稳定性和面层的透水性问题。

路面渗水系数是指在规定的条件下，单位时间内渗入路面结构中水的体积，用 C_w 表示，单位为 mL/min。

（一）仪具与材料

（1）路面渗水仪：形状及尺寸如图6-8所示，上部盛水量筒由透明有机玻璃制成，容积为600mL，上有刻度，在100mL及500mL处有粗标线，下方通过 ϕ10mm 的细管与底座相接，中间有一开关。量筒通过支架连接，底座下方开口内径 ϕ150mm，外径 ϕ220mm，仪器附压重铁圈两个，每个质量约5kg，内径 ϕ160mm。

（2）水桶及大漏斗。

（3）秒表。

（4）密封材料：防水腻子、油灰或橡皮泥。

（5）其他：水、粉笔、塑料圈、刮刀、扫帚等。

（二）方法与步骤

1. 准备工作

（1）在测试路段的行车道路面上，按《公路路基路面现场测试规程》中公路路基路面现场测试随机选点方法确定测试位置，每一个检测路段应测定5个测点，并用粉笔画上测试标记。

（2）试验前，首先用扫帚清扫表面，并用刷子将路面表面的杂物刷去。杂物的存在，一方面会影响水的渗入，另一方面也会影响渗水仪和路面或者试件的密封效果。

2. 试验步骤

(1)将塑料圈置于试件中央或者路面表面的测点上,用粉笔分别沿着塑料圈的内侧和外侧画上圈,在外环和内环之间的部分就是需要用密封材料进行密封的区域。测试步骤如图 6-9～图 6-11 所示。

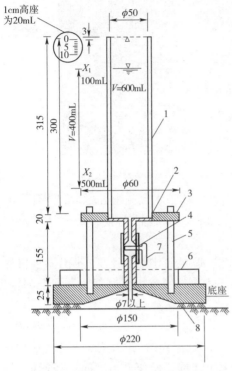

图 6-8 渗水仪结构图(尺寸单位:mm)

1-透明有机玻璃筒;2-螺纹连接;3-顶板;4-阀;
5-立柱支架;6-压重铁圈;7-把手;8-底座

图 6-9 塑料圈放在试验位置处

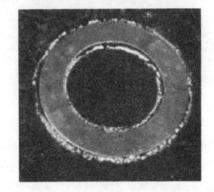

图 6-10 用粉笔沿塑料圈内侧和外侧画上圈

如果在密封区域内发现有构造深度较大的部位时,必须先用密封剂对这些部位的纹理深度进行填充,以防止渗水试验时水通过这些表面纹理渗出从而影响试验结果(图 6-12)。对较大的纹理进行处理后,再用密封剂对环状密封区域进行处理,用刮刀将密封剂均匀地涂抹在此区域内的试件表面上,用刮刀刮平,可以防止渗水仪压上去后密封剂被挤到内圈而改变渗水面积(图 6-13)。

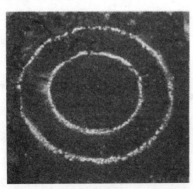

图 6-11 内环和外环之间为密封区域

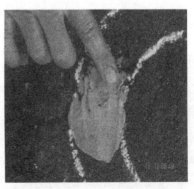

图 6-12 局部部位填充密实处理

(2) 用密封材料对环状密封区域进行密封处理,注意不要使密封材料进入内圈。如果密封材料不小心进入内圈,必须用刮刀将其刮走。然后再将搓成拇指粗细的条状密封材料摞在环状密封区域的中央,并且摞成一圈,如图 6-14 所示。

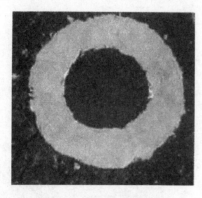
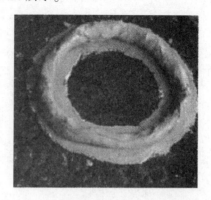

图 6-13　密封剂刮平处理后图形　　　图 6-14　密封材料外部密封处理图

(3) 将渗水仪放在试件或者路面表面的测点上,注意使渗水仪的中心尽量和圆环中心重合,然后略微使劲将渗水仪压在条状密封材料表面,再将配重加上,以防压力水从底座与路面间流出。

(4) 将开关关闭,向量筒中注满水,然后打开开关,使量筒中的水下流,排出渗水仪底部内的空气,当量筒中水面下降速度变慢时用双手轻压渗水仪使渗水仪底部的气泡全部排出。关闭开关,并再次向量筒中注满水。

(5) 将开关打开,待水面下降至 100mL 刻度时,立即开动秒表开始计时,每间隔 60s,读记仪器管的刻度一次,至水面下降至 500mL 时为止。测试过程中,如水从底座与密封材料间渗出,说明底座与路面密封不好,应移至附近干燥路面处重新操作。当水面下降速度很慢,则测定 3min 的渗水量即可停止;如果水面下降速度较快,在不到 3min 的时间内达到了 500mL 刻度线,则记录达到 500mL 刻度线时的时间;若水面下降至一定程度后基本保持不动,说明基本不透水或根本不透水,在报告中注明。

(6) 按以上步骤在同一个检测路段选择 5 个测点测定渗水系数,取其平均值作为检测结果。

(三)数据计算与处理

计算时以水面从 100mL 下降至 500mL 所需的时间为标准,若渗水时间过长,也可以采用 3min 通过的水量计算:

$$C_w = \frac{V_2 - V_1}{t_2 - t_1} \times 60 \tag{6-10}$$

式中　C_w——路面渗水系数,mL/min;
　　　V_1——第一次计时时的水量,mL,通常为 100mL;
　　　V_2——第二次计时时的水量,mL,通常为 500mL;
　　　t_1——第一次计时的时间,s;
　　　t_2——第二次计时的时间,s。

(四)检测记录与报告

现场检测,每一个检测路段应测定 5 个测点,计算其平均值作为检测结果。若路面不透水,在报告中注明渗水系数为 0。

对渗水较快,水面从 100mL 降至 500mL 的时间不很长时,中间也可不读数,如果渗水太慢,则从水面降至 100mL 时开始,测记 3min 即可中止试验,若水面基本不动,说明路面不透水,则在报告中注明即可。

学习领域:道路工程检测

学习情境 6　沥青混凝土面层质量检测与评定 工作任务 6.5　沥青路面渗水系数测试	班级			
	姓名		学号	
	日期		评分	

一、任务内容
分组进行沥青路面渗水系数测试,并填写试验检测记录表和编制试验检测报告。
二、基本知识
沥青路面渗水系数测试方法用于_____。
三、任务实施
1.沥青路面渗水系数测试所需仪具与材料:

2.沥青路面渗水系数测试现场准备工作:

3.沥青路面渗水系数测试步骤:

4.填写试验检测记录表:
(见 JJ 1403 路面渗水系数试验检测记录表)
5.编制试验检测报告
(见 JB 02140 路面渗水系数试验检测报告)
四、任务小结
通过此工作任务的实施,各小组集中完成下述工作。
1.你认为本次实训是否达到预期目的? 还有什么意见和建议?

2.沥青路面渗水系数测试需要哪些仪具与材料? 如何测定?

工作任务6.6 沥青路面抗滑性能检测

1. 应知应会

（1）了解手工铺砂法、电动铺砂法测定路面构造深度，摆式仪测定路面摩擦系数的目的及适用范围；熟悉手工铺砂法、电动铺砂法测定路面构造深度，摆式仪测定路面摩擦系数现场准备工作和测试步骤。

（2）会进行手工铺砂法、电动铺砂法测定路面构造深度，摆式仪测定路面摩擦系数的检测操作，数据计算与处理，填写试验检测记录表，编制试验检测报告。

2. 学习要求

（1）研读教材内容。

（2）查阅《公路路基路面现场测试规程》(JTG E60—2008)中 T 0961 手工铺砂法测定路面构造深度试验方法；T 0962 电动铺砂法测定路面构造深度试验方法；T 0964 摆式摩擦系数试验方法。

（3）重视理论联系实际。

路面抗滑性能是指车辆轮胎受到制动时沿表面滑移所产生的力。通常抗滑性能被看作是路面的表面特性，并用轮胎与路面间的摩阻系数来表示。表面特性包括路表面微观构造和宏观构造，影响抗滑滑性能的因素有路面表面特性、路面潮湿程度和行车速度。

路表面微观构造是指集料表面的粗糙度，它随车轮的反复磨耗而渐被磨光，通常采用石料磨光值(PSV)表征抗磨光的性能。微观构造在低速(30～50km/h)时对路表抗滑性能起决定作用。而高速时主要作用的是宏观构造，它是由路表外露集料间形成的构造，功能是使车轮下的路表水迅速排除，以避免形成水膜。宏观构造由构造深度表征。

路面抗滑性能测试方法有：构造深度测试法(手工铺砂仪法，电动铺砂仪法、激光构造深度仪法)、制动距离法、摆式仪法、偏转轮拖车法(横向力系数测试)等。

构造深度是路表面开口空隙的平均深度，即宏观构造深度 TD，以 mm 计。

摆值是用摆式摩擦系数测定仪测定路面在潮湿条件下的摩擦系数表征值，为摩擦系数的 100 倍，即 BPN。

测定沥青路面及水泥混凝土路面表面构造深度，用以评定路面的宏观粗糙度、路面表面的排水性能及抗滑性能。构造深度的检测频率按每 200m 一处。

用摆式摩擦系数测定仪(摆式仪)测定沥青路面及水泥混凝土路面的抗滑值，用以评定路面在潮湿状态下的抗滑能力。

（一）仪具与材料

1. 手工铺砂法

（1）人工铺砂仪：由量砂筒、推平板和刮平尺组成。

①量砂筒:一端是封闭的,内径 ϕ20mm,外径 ϕ26mm,总高 90mm,容积为(25±0.15)mL,可通过称量砂筒中水的质量以确定其容积 V,并调整其高度,使其容积符合要求,见图 6-15。

②推平板:推平板应为木制或铝制,直径 50mm,底面粘一层厚 1.5mm 的橡胶片,上面有一圆柱把手,见图 6-16。

③刮平尺:可用 30cm 钢尺代替。

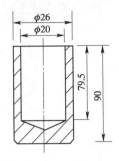 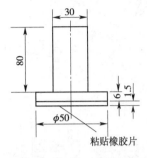

图 6-15　量砂筒(尺寸单位:mm)　　图 6-16　推平板(尺寸单位:mm)

(2)量砂:足够数量的干燥洁净的匀质砂,粒径为 0.15~0.3mm。

(3)量尺;钢板尺、钢卷尺,或采用将直径换算成构造深度作为刻度单位的专用的构造深度尺。

(4)其他:装砂容器(小铲)、扫帚或毛刷、挡风板等。

2. 电动铺砂仪法

(1)电动铺砂仪:利用可充电的直流电源将量砂通过砂漏铺设成宽度为 5cm、厚度均匀一致的器具,如图 6-17 所示。

(2)量砂:足够数量的干燥洁净的匀质砂,粒径为 0.15~0.3mm。

(3)标准量筒:容积 50mL。

(4)玻璃板:面积大于铺砂器,厚 5mm。

(5)其他:直尺、扫帚、毛刷等。

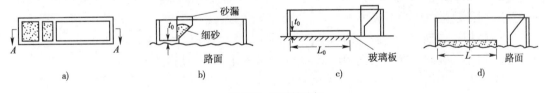

图 6-17　电动铺砂仪
a)平面图;b)A-A 断面;c)标定;d)测定

3. 摆式仪法

(1)摆式仪(图 6-18):摆及摆的连接部分总质量为(1 500±30)g,摆动中心至摆的重心距离为(410±5)mm,测定时摆在路面上滑动长度为(126±1)mm,摆上橡胶片端部距摆动中心的距离为 508mm,橡胶片对路面的正向静压力为(22.2±0.5)N。

(2)橡胶片:用于测定路面抗滑值时的尺寸为 6.35mm×25.4mm×76.2mm,橡胶质量应符合标准的要求。当橡胶片使用后,端部在长度方向上磨损超过 1.6mm 或边缘在宽度方向上磨耗超过 3.2mm,或有油污染时,即应更换新橡胶片;新橡胶片应先在干燥路面上测 10 次后再用于测试。橡胶片的有效使用期为 1 年。

(3)标准量尺:长 126mm。

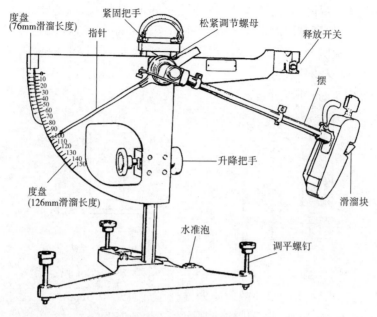

图 6-18 摆式仪构造示意图

(4)洒水壶。

(5)橡胶刮板。

(6)路面温度计:分度不大于1℃。

(7)其他:皮尺式钢卷尺、扫帚、粉笔等。

(二)方法与步骤

1. 手工铺砂法测试步骤

(1)量砂准备:取洁净的细砂晾干、过筛,取 0.15~0.3mm 的砂置适当的容器中备用。量砂只能在路面上使用一次,不宜重复使用。回收砂必须经干燥、过筛处理后方可使用。

(2)对测试路段按随机取样选点的方法,决定测点所在横断面位置,测点应选在行车道的轮迹带上,距路面边缘不应小于1m。

(3)用扫帚或毛刷子将测点附近的路面清扫干净;面积不小于 30cm×30cm。

(4)用小铲装砂沿筒向圆筒中注满砂,手提圆筒上方,在硬质路面上轻轻地叩3次,使砂密实,补足砂面,用钢尺一次刮平。不可直接用量砂筒装砂,以免影响量砂密度的均匀性。

(5)将砂倒在路面上,用底面粘有橡胶片的推平板,由里向外重复做摊铺运动,稍稍用力将砂细心地尽可能地向外摊开;使砂填入凹凸不平的路表面的空隙中,尽可能将砂摊成圆形,并不得在表面上留有浮动余砂。注意摊铺时不可用力过大或向外推挤。

(6)用钢板尺测量所构成圆的两个垂直方向的直径,取其平均值,精确至5mm。

(7)按以上方法,同一处平行测定不少于3次,3个测点均位于轮迹带上,测点间距 3~5m。该处的测定位置以中间测点的位置表示。

2. 电动铺砂仪法测试步骤

(1)量砂准备:取洁净的细砂,晾干,过筛,取 0.15~0.3mm 的砂置适当的容器中备用。量砂只能在路面上使用一次,不宜重复使用。

(2)对测试路段按随机取样选点的方法,决定测点所在横断面的位置,测点应选在行车道的轮迹带上,距路面边缘不应小于1m。

(3)电动铺砂器标定：

①将铺砂器平放在玻璃板上，将砂漏移至铺砂器端部。

②将灌砂漏斗口和量筒口大致齐平。通过漏斗向量筒中缓缓注入准备好的量砂至高出量筒成尖顶状，用直尺沿筒口一次刮平，其容积为50mL。

③将漏斗口与铺砂器砂漏上口大致齐平。将砂通过漏斗均匀倒入砂漏，漏斗前后移动，使砂的表面大致齐平，但不得用任何其他工具刮动砂。

④开动电动马达，使砂漏向另一端缓缓运动，量砂沿砂漏底部铺成宽5cm的带状（图6-19），待砂全部漏完后停止。

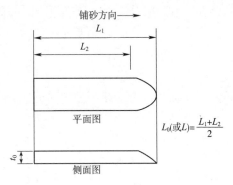

图6-19 决定L及L_0的方法
L_0-玻璃板上50mL量砂摊铺的长度（mm）；
L-路面上50mL量砂摊铺的长度（mm）

⑤L_1及L_2的平均值决定于量砂的摊铺长度L_0，精确至1mm。

$$L_0 = \frac{L_1 + L_2}{2} \tag{6-11}$$

⑥重复标定3次，取平均值决定L_0，精确至1mm。标定应在每次测试前进行，用同一种量砂，由同一试验员承担测试。

(4)将测试地点用毛刷刷净，面积大于铺砂仪。

(5)将铺砂仪沿道路纵向平稳地放在路面上，将砂漏移至端部。

(6)按上述电动铺砂器标定(2)～(5)相同的步骤，在测试地点摊铺50mL量砂，量取摊铺长度L_1及L_2。由式(6-12)计算L，精确至1mm。

$$L = \frac{L_1 + L_2}{2} \tag{6-12}$$

(7)按以上方法，同一处平行测定不少于3次，3个测点均位于轮迹带上，测点间距3～5m，该处的测定位置以中间测点的位置表示。

3. 摆式仪法测定步骤

(1)准备工作：

①检查摆式仪的调零灵敏情况，并定期进行仪器的标定。当用于路面工程检查验收时，仪器必须重新标定。

②对测试路段按随机取样方法，决定测点所在横断面位置。测点应选在行车道的轮迹带上，距路面边缘不应小于1m，并用粉笔做出标记。测点位置宜紧靠铺砂法测定构造深度的测点位置，并与其对应。

③仪器调平。

④将仪器置于路面测点上，并使摆的摆动方向与行车方向一致。

⑤转动底座上的调平螺栓，使水准泡居中。

(2)调零：

①放松上、下两个紧固把手，转动升降把手，使摆升高并能自由摆动，然后旋紧紧固把手。

②将摆向右运动，按下安装于悬臂上的释放开关，使摆上的卡环进入开关槽，放开释放开关，摆即处于水平位置，并把指针抬至与摆杆平行处。

③按下释放开关，使摆向左带动指针摆动，当摆达到最高位置后下落时，用左手将摆杆

接住,此时指针应指向零。若不指零时,可稍旋紧或放松摆的调节螺母,重复本项操作,直至指针指零。调零允许误差为±1BPN。

(3)校核滑动长度:

①用扫帚扫净路表面,并用橡胶刮板清除摆动范围内路面上的松散粒料。

②让摆自由悬挂,提起摆头上的举升柄,将底座上垫块置于定位螺钉下面,使摆头上的滑溜块升高,放松紧固把手,转动立柱上升降把手,使摆缓缓下降。当滑块上的橡胶片刚刚接触路面时,即将紧固把手旋紧,使摆头固定。

③提起举升柄,取下垫块,使摆向右运动。然后,手提举升柄使摆慢慢向左运动,直至橡胶片的边缘刚刚接触路面。在橡胶片的外边摆动方向设置标准尺,尺的一端正对准该点。再用手提起举升柄,使滑溜块向上抬起,并使摆继续运动至左边,使橡胶片返回落下再一次接触地面,橡胶片两次同路面接触点的距离应在126mm(即滑动长度)左右。若滑动长度不符合标准时,则升高或降低仪器底正面的调平螺钉来校正,但需调平水准泡,重复此项校核直至滑动长度符合要求,而后,将摆和指针置于水平释放位置。

校核滑动长度时应以橡胶片长边刚刚接触路面为准,不可借摆力量向前滑动,以免标定的滑动长度过长。

(4)用喷壶的水浇洒试测路面,并用橡胶刮板刮除表面泥浆。

(5)再次洒水,并按下释放开关,使摆在路面滑过,指针即可指示出路面的摆值。但第一次测定,不做记录。当摆杆回落时,用左手接住摆,右手提起举长柄使滑溜块升高,将摆向右运动,并使摆杆和指针重新置于水平释放位置。

(6)重复(5)的操作测定5次,并读记每次测定的摆值,即BPN,5次数值中最大值与最小值的差值不得大于3BPN。如差数大于3BPN时,应检查产生的原因,并再次重复上述各项操作,至符合规定为止。取5次测定的平均值作为每个测点路面的抗滑值(即摆值FB),取整数,以BPN表示。

(7)在测点位置上用路表温度计测记潮湿路面的温度,精确至1℃。

(8)按以上方法,同一处平行测定不少于3次,3个测点均位于轮迹带上,测点间距3~5m。该处的测定位置以中间测点的位置表示。每一处均取3次测定结果的平均值作为试验结果,精确至1BPN。

(三)数据计算与处理

1. 手工铺砂法

(1)路面表面构造深度测定结果按式(6-13)计算:

$$TD = \frac{100 \times V}{\pi \times D^2/4} = \frac{31\,831}{D^2} \tag{6-13}$$

式中:TD——路面表面构造深度,mm;

V——砂的体积,25cm³;

D——推平砂的平均直径,mm。

(2)每一处均取3次路面构造深度测定结果的平均值作为试验结果,精确至0.1mm。

(3)计算每一个评定区间路面构造深度的平均值、标准差、变异系数。

2. 电动铺砂法

(1)按式(6-14)计算铺砂仪在玻璃板上摊铺的量砂厚度t_0。

$$t_0 = \frac{V}{B \cdot L_0} \times 1\,000 = \frac{1\,000}{L_0} \tag{6-14}$$

式中：t_0——量砂在玻璃板上摊铺的标定厚度，mm；

V——量砂体积，50mL；

B——铺砂仪铺砂宽度，50mm。

（2）按式(6-15)计算路面构造深度 TD：

$$\mathrm{TD} = \frac{L_0 - L}{L} \times t_0 = \frac{L_0 - L}{L \times L_0} \times 1\,000 \tag{6-15}$$

式中：TD——路面的构造深度，mm。

（3）每一处均取 3 次路面构造深度测定结果的平均值作为试验结果，精确至 0.1mm。

（4）计算每一个评定区间路面构造深度的平均值、标准差、变异系数。

3. 摆式仪法

抗滑值的温度修正：当路面温度为 T 时测得的值为 BPN_T，必须换算成标准温度 20℃的摆值 BPN_{20}。

$$\mathrm{BPN}_{20} = \mathrm{BPN}_T + \Delta\mathrm{BPN} \tag{6-16}$$

式中：BPN_{20}——换算成标准温度 20℃的摆值；

BPN_T——路面温度 T 时测得的摆值；

$\Delta\mathrm{BPN}$——温度修正值，按表6-2采用。

温度修正值　　　表6-2

温度 T(℃)	0	5	10	15	20	25	30	35	40
温度修正值 $\Delta\mathrm{BPN}$	-6	-4	-3	-1	0	+2	+3	+5	+7

（四）检测记录与报告

1. 手工铺砂法

（1）逐点报告路面构造深度的测定值及 3 次测定的平均值，当平均值小于 0.2mm 时，试验结果以小于 0.2mm 表示。

（2）报告每一个评定区间路面构造深度的平均值、标准差、变异系数。

一般认为手工铺砂法误差较大。其原因有很多，例如装砂的方法无标准，以前不少人直接用量筒装砂，致使量筒中的砂紧密程度不一样，影响砂量；还有摊砂用的推平板无标准，以前的方法中橡胶片厚 1.5~2.5mm，材料为钢的，也有用木板的。为克服手工铺砂法不统一、测量不准的缺点，可采用电动铺砂法和激光法。

2. 电动铺砂法

（1）列表逐点报告路面构造深度的测定值及 3 次测定的平均值；当平均值小于 0.2mm 时，试验结果以小于 0.2mm 表示。

（2）报告每一个评定区间路面构造深度的平均值、标准差、变异系数。

3. 摆式仪法

（1）报告测试日期、测点位置、天气情况、洒水后潮湿路面的温度，并描述路面类型、外观、结构类型等。

（2）列表逐点报告路面抗滑值的测定值 BPN_T、经温度修正后的 BPN_{20} 及 3 次测定的平均值。

（3）报告每一个评定路段路面抗滑值的平均值、标准差、变异系数。

（4）精密度与允许差，同一个测点，重复 5 次测定的差值不大于 3BPN。

学习领域：道路工程检测

学习情境6　沥青混凝土面层质量检测与评定	班级			
工作任务6.6　<u>沥青路面抗滑性能检测</u>	姓名		学号	
	日期		评分	

一、任务内容

分组进行沥青路面抗滑性能检测，并填写试验检测记录表和编制试验检测报告。

二、基本知识

1. 路面的宏观构造深度是指_____，它是影响抗滑性能的重要因素之一。
2. 手工铺砂法测定路面构造深度适用于_____，以评定路面的_____，_____，_____。
3. 电动铺砂法测定路面构造深度适用于_____，以评定路面表面的宏观构造。
4. 摆式仪测定路面摩擦系数适用于_____，用以评定路面在_____的抗滑能力。
5. 构造深度的检测频率按每_____一处。

三、任务实施

1. 沥青路面抗滑性能检测所需仪具与材料：

2. 沥青路面抗滑性能检测现场准备工作：

3. 沥青路面抗滑性能检测测试步骤：

4. 填写试验检测记录表：
（见 JJ 1403 路面构造深度试验检测记录表）

5. 编制试验检测报告：
（见 JB 021403 路面构造深度试验检测报告）

四、任务小结

通过此工作任务的实施，各小组集中完成下述工作。

1. 你认为本次实训是否达到预期目的？还有什么意见和建议？

2. 沥青路面抗滑性能检测需要哪些仪具与材料？如何测定？

工作任务6.7 短脉冲雷达测定沥青路面厚度

任务概述

1. 应知应会

（1）了解短脉冲雷达测定路面厚度的目的及适用范围；熟悉短脉冲雷达测定路面厚度现场准备工作和测试步骤。

（2）会进行短脉冲雷达测定路面厚度的检测操作，数据计算与处理，填写试验检测记录表，编制试验检测报告。

2. 学习要求

（1）研读教材内容。

（2）查阅《公路路基路面现场测试规程》（JTG E60—2008）中 T 0913—2008 短脉冲雷达测定路面厚度试验方法。

（3）重视理论联系实际。

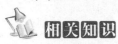**相关知识**

目前，我国公路路面厚度测试常采用钻孔取芯样测厚度的方法，对路面面层有一定的破坏作用，给路面造成损坏或留下后患。随着科学技术的发展，西方发达国家自 20 世纪 80 年代开始研究用短脉冲雷达检测路面面层厚度技术，并取得了成功。

短脉冲雷达测试系统，能实时收集公路的雷达信息，然后将信息输入电脑程序内，在很短的时间里，电脑程序会自动分析公路或桥面内各层厚度、含水率、空隙位置、破损位置及程度。短脉冲雷达测试系统是一种非接触、非破损的路面厚度测试技术，检测速度高，精度也较高，检测费用低廉。因此，它不仅适用于沥青路面或水泥混凝土路面各层厚度及总厚度测试、路面下空洞探测、路面下相对高含水量区域检测、路面下的破损状况检测，还可以用于检测桥面混凝土剥落状况，检测桥内混凝土与钢筋脱离状况，测试桥面沥青覆盖层的厚度。

短脉冲雷达检测公路路面面层厚度属于反射探测法，其基本原理是，利用雷达波在不同物质界面上的反射信号，识别分界层，通过走时和波速推算厚度。不同的介质具有不同的介电常数，雷达向地下发射一定强度的高频电磁脉冲波，电磁波在地下传播的过程中遇到不同介电常数的界面时，一部分能量产生反射波，一部分能量继续向地下传播，如图 6-20 所示，雷达接收并记录这些反射信息。

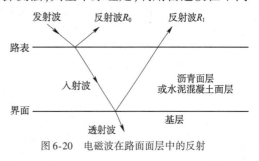

图 6-20 电磁波在路面面层中的反射

任务实施

（一）仪具与材料

（1）雷达测试系统由承载车、天线、雷达发射接收器和控制系统组成。如图 6-21 所示。

（2）测试系统技术要求和参数。

①距离标定误差：小于或等于 0.1%。

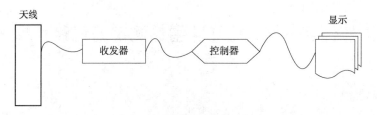

图 6-21　雷达测试系统组成图

②设备工作温度:0~40℃。
③最小分辨层厚:小于或等于40mm。
④系统测量精度要求:如表 6-3 所示。

系统测量精度要求　　　　　　　　　　　　表 6-3

测量深度(cm)	测量误差(mm)	测量深度(cm)	测量误差(mm)
<10	±3	>25	±10
10~25	±5		

⑤天线:喇叭形空气耦合天线,带宽能适应所选择的发射脉冲频率。
⑥收发器:脉冲宽度≤1.0ns,时间信号处理能力可以适应所需的测试深度。

(二)方法与步骤

1. 准备工作

(1)距离标定:承载车行驶超过 20 000km、更换轮胎,或使用超过 1 年的情形下,需要进行距离标定。距离标定方法根据厂商提供的使用说明进行。

(2)安装雷达天线:将雷达天线按照厂商提供的安装方法牢固安装好,并将天线与主机的连线连接好。

(3)检查连接线安装无误后开机预热,预热时间不得少于厂商规定的时间。

(4)将金属板放置在天线正下方,启动控制软件的标定程序,获取相应参数。

(5)打开控制软件的参数设置界面,根据不同的检测目的,设置采样间隔、时间窗、增益等参数。

2. 测试步骤

(1)将承载车停在起点,开启安全警示灯,启动软件测试程序,令驾驶员缓慢加速使车辆达到正常检测速度。

(2)检测过程中,操作人员应记录测试线路所遇到的桥梁、涵洞、隧道等构造物的起终点。

(3)当测试车辆到达测试终点后,操作人员停止采集程序。

(4)芯样标定:为了准确反算出路面厚度,必须知道路面材料的介电常数,通常采用在路面上钻取芯样的方法以获取路面材料的介电常数。其做法是首先令雷达天线在需要标定芯样点的上方采集,然后钻芯,最后将芯样的真实厚度数据输入到计算程序中,反算出路面材料的介电常数或者雷达波在材料中的传播速度;路面材料的介电常数会随集料类型、沥青产地、密度、湿度等而不同。测试过程中应根据实际情况增加芯样钻取数量,以保证测试厚度的准确性。

(5)操作人员检查数据文件。文件应完整,内容应正常;否则,应重新测试。

(6)关闭测试系统电源,结束测试。

(三)数据计算与处理

由于地下材料介质具有不同的介电常数,造成各种材料介质具有不同的电导性,电导性的差异影响了电磁波的传播速度。一般用式(6-17)计算电磁波在材料介质中的传播速度:

$$v = \frac{c}{\sqrt{\varepsilon_r}} \tag{6-17}$$

式中:v——电磁波在材料介质中的传播速度;

c——电磁波在空气中的传播速度(即约等于光速,取$300\,mm/ns$);

ε_r——材料介质的介电常数。

根据电磁波在材料介质中的双程走时以及材料介质的相对介电常数,用式(6-18)确定面层厚度 T。

$$T = \frac{\Delta t c}{2 \sqrt{\varepsilon_r}} \tag{6-18}$$

式中:T——面层厚度,mm;

Δt——雷达所发射的电磁波在材料介质中的双程走时,ns;

c、ε_r——含义分别同式(6-17)。

路面材料的相对介电常数 ε_r 可以通过路面芯样获得。路面厚度的计算通常由雷达波识别软件自动识别各层分界线,得到雷达波在各层中的双层走时,然后计算各层厚度。

(四)检测记录与报告

路面厚度测试报告应包括检测路段的厚度平均值、标准差、厚度代表值。

(五)沥青路面厚度评定

评定方法同水泥稳定粒料基层厚度评定。

任务工作单

学习领域:道路工程检测

学习情境6　沥青混凝土面层质量检测与评定 工作任务6.7　短脉冲雷达测定沥青路面厚度	班级			
	姓名		学号	
	日期		评分	

一、任务内容

分组用短脉冲雷达进行路面厚度测定,并填写试验检测记录表和编制试验检测报告。

二、基本知识

雷达最大探测深度是由雷达系统的参数以及_____的电磁属性决定的。

三、任务实施

1.短脉冲雷达测定路面厚度所需仪具与材料:

2. 短脉冲雷达测定路面厚度的准备工作：

3. 短脉冲雷达测定路面厚度的测试步骤：

4. 填写试验检测记录表：

5. 编制试验检测报告：

四、任务小结
通过此工作任务的实施，各小组集中完成下述工作。
1. 你认为本次实训是否达到预期目的？还有什么意见和建议？

2. 短脉冲雷达测定路面厚度应注意的问题有哪些？

3. 沥青路面厚度如何评定？评定要点有哪些？

学习情境 7　新建公路工程质量评定与验收

情境概述

一、职业能力分析

通过本情境的学习,期望达到下列目标。

1. 专业能力

(1)了解建设项目的工程划分方法,分项、分部、单位工程的概念。

(2)熟悉关键项目、一般项目、规定极值等概念;交工验收和竣工验收的条件、程序、内容。

(3)掌握公路工程质量检验评定程序;分项工程质量评分及检验内容;新建和改建公路工程质量评分方法以及工程质量等级的评定方法。

(4)掌握交工验收和竣工验收工程质量评分及质量等级评定方法。

(5)会进行新建和改建公路工程质量评分与质量等级评定。

(6)会进行交工验收和竣工验收工程质量评分及质量等级评定。

2. 社会能力

(1)通过分组活动,培养团队协作能力。

(2)通过规范文明操作,培养良好的职业道德和安全环保意识。

(3)通过小组讨论、上台演讲评述,培养表达沟通能力。

3. 方法能力

(1)通过查阅资料、文献,培养个人自学能力和获取信息能力。

(2)通过情境化的任务单元活动,掌握解决实际问题的能力。

(3)填写任务工作单,制订工作计划,培养工作方法能力。

(4)能独立使用各种媒体完成工作任务。

二、学习情境描述

本学习情境主要介绍了新建和改建公路工程建设项目的工程划分,工程质量评分及等级评定,公路工程竣(交)工验收知识。

本学习情境划分为 2 个工作任务,内容主要包括公路工程质量评定、公路工程竣(交)工验收。

三、教学环境要求

本学习情境要求在多媒体教室和机房完成,配备《公路工程质量检验评定标准》

（JTG F80/1—2004）和《公路工程竣（交）工验收办法》（交通部令 2004 年第 3 号）各 10 本；可以用于资料查询的电脑、多媒体教学设备、课件和视频教学资料等。

学生分成 10 个小组，各组独立完成相关的工作任务，并在教学完成后提交任务工作单。

工作任务 7.1　公路工程质量评定

 任务概述

1. 应知应会

（1）了解单位、分部、分项工程的概念及划分方法；关键项目、规定极值等概念。

（2）熟悉公路工程质量检验评定程序；分项工程质量检验内容；交工验收和竣工验收的条件、程序、内容。

（3）掌握新建和改建公路工程质量评分方法以及工程质量等级的评定方法。

（4）会进行新建和改建公路工程质量评分与质量等级评定。

2. 学习要求

（1）研读教材内容。

（2）查阅《公路工程质量检验评定标准》（JTG F80/1—2004）中第 1 章至第 3 章。

（3）重视理论联系实际。

 相关知识

为了加强公路工程质量管理，统一公路工程质量检验标准和评定标准，保证工程质量，制定了《公路工程质量检验评定标准》（JTG F80/1—2004）。

《公路工程质量检验评定标准》适用于四级及四级以上公路新建、改建工程的施工单位、工程监理单位、建设单位、质量检测机构和质量监督部门对公路工程质量的管理、监控和检验评定。

公路工程质量检验和评定必须依据《公路工程质量检验评定标准》（JTG F80/1—2004）进行。检验，是对检验项目中的性能进行量测、检查、试验等，并将结果与标准规定要求进行比较，以确定每项性能是否合格所进行的活动。评定，是依据检验结果对工程质量进行评分并确定其等级的活动。

 任务实施

一、建设项目的工程划分

根据建设任务、施工管理和质量检验评定的需要，应在施工准备阶段，依据《公路工程质量检验评定标准》（JTG F80/1—2004）附录 A 将建设项目划分为单位工程、分部工程和分项工程。

单位工程是在建设项目中，根据签订的合同，具有独立施工条件的工程。按结构部位、路段长度及施工特点或施工任务又将单位工程划分为若干个分部工程。按不同的施工方法、材料、工序及路段长度等又将分部工程划分为若干个分项工程。一般建设项目的工程划分见表7-1。

施工单位、工程监理单位和建设单位应按相同的工程项目划分进行工程质量的监控和管理。

施工单位应对各分项工程按《公路工程质量检验评定标准》(JTG F80/1—2004)所列基本要求、实测项目和外观鉴定进行自检,按"分项工程质量检验评定表"及相关施工技术规范提交真实、完整的自检资料,对工程质量进行自我评定。

工程监理单位应按规定要求对工程质量进行独立抽检,对施工单位检评资料进行签认,对工程质量进行评定。

建设单位根据对工程质量检查及平时掌握的情况,对工程监理单位所做的工程质量评分及等级进行审定。

质量监督部门、质量检测机构可依据《公路工程质量检验评定标准》(JTG F80/1—2004)对公路工程质量进行检测评定。

一般建设项目的工程划分　　　　　　表7-1

单位工程	分部工程	分项工程
路基工程 (每10km 或每标段)	路基土石方工程* (1~3km路段)	土方路基*,石方路基*,软土地基*,土工合成材料处治层*等
	排水工程(1~3km路段)	管节预制,管道基础及管节安装*,检查(雨水)井砌筑*,土沟,浆砌排水沟*,盲沟,跌水,急流槽*,水簸箕,排水泵站等
	小桥及符合小桥标准的通道*,人行天桥,渡槽(每座)	基础及下部构造*,上部构造预制、安装或浇筑*,桥面*,栏杆,人行道等
	涵洞、通道(1~3km路段)	基础及下部构造*,主要构件预制、安装或浇筑*,填土,总体等
	砌筑防护工程(1~3km路段)	挡土墙*,墙背填土,抗滑桩*,锚喷防护*,锥、护坡,导流工程,石笼防护等
	大型挡土墙*,组合式挡土墙*(每处)	基础*,墙身*,墙背填土,构件预制*,构件安装*,筋带,锚杆、拉杆,总体*等
路面工程(每10km或每标段)	路面工程(1~3km路段)*	底基层,基层*,面层*,垫层,连接层,路缘石,人行道,路肩,路面边缘排水系统等
桥梁工程 (特大、大中桥)	基础及下部构造*(每桥或每墩、台)	扩大基础,桩基*,地下连续墙*,承台,沉井*,桩的制作*,钢筋加工安装及安装*,墩台身(砌体)浇筑*,墩台身安装,墩台帽*,组合桥台*,台背填土,支座垫石和挡块等
	上部构造预制和安装*	主要构件预制*,其他构件预制,钢筋加工及安装,预应力筋的加工和张拉*,梁板安装,悬臂拼装*,顶推施工梁*,拱圈节段预制,拱的安装,转体施工拱*,劲性骨架拱肋安装*,钢管拱肋制作*,钢管拱肋安装*,吊杆制作和安装*,钢梁制作*,钢梁安装,钢梁防护*等

续上表

单位工程	分部工程	分项工程
桥梁工程 （特大、 大中桥）	上部构造现场浇筑*	钢筋加工及安装,预应力筋的加工和张拉*,主要构件浇筑*,其他构件浇筑,悬臂浇筑*,劲性骨架混凝土*,钢管混凝土拱*等
	总体、桥面系和附属工程	桥梁总体*,桥面防水层施工,桥面铺装*,钢桥面铺装*,支座安装,搭板,伸缩缝安装,大型伸缩缝安装*,栏杆安装,混凝土护栏,人行道铺设,灯柱安装等
	防护工程	护坡,护岸*,导流工程*,石笼防护,砌石工程等
	引道工程	路基*,路面*,挡土墙*,小桥*,涵洞*,护栏等
互通立交 工程	桥梁工程*（每座）	桥梁总体,基础及下部构造*,上部构造预制、安装或浇筑*,支座安装,支座垫石,桥面铺装*,护栏,人行道等
	主线路基路面工程*（1~3km路段）	见路基、路面等分项工程
	匝道工程（每条）	路基*,路面,通道*,护坡,挡土墙*,护栏等
隧道工程	总体	隧道总体*等
	明洞	明洞浇筑,明洞防水层,明洞回填*等
	洞口工程	洞口开挖,洞口边仰坡防护,洞门和翼墙的浇(砌)筑,截水沟、洞口排水沟等
	洞身开挖	洞身开挖*,(分段)等
	洞身衬砌	(钢纤维)喷射混凝土支护,锚杆支护,钢筋网支护,仰拱,混凝土衬砌*,钢支撑,衬砌钢筋等
	防排水	防水层,止水带,捧水沟等
	隧道路面	基层*,面层*,等
	装饰	装饰工程
	辅助施工措施	超前锚杆,超前钢管等
环保工程	声屏障（每处）	声屏障
	绿化工程（1~3km路段或每处）	中央分隔带绿化,路侧绿化,互通立交绿化,服务区绿化,取弃土场绿化等
交通安全设施 （每20km或 每路段/标段）	标志*（5~10km路段）	标志*
	标线、突起路标（5~10km路段）	标线*,突起路标等
	护栏、轮廓标（5~10km）	波形梁护栏*,缆索护栏*,混凝土护栏*,轮廓标等
	防眩设施（5~10km路段）	防眩板、网等
	隔离栅、防落网（5~10km路段）	隔离栅、防落网等
机电工程	监控设施	车辆检测器,气象检测器,闭路电视监视系统,可变标志,光电缆线路,监控(分)中心设备安装及软件调测,大屏幕投影系统,地图板,计算机监控软件与网络等
	通信设施	通信管道与光电缆线路,光纤数字传输系统,数字程控交换系统,紧急电话系统,无线移动通信系统,通信电源等

续上表

单位工程	分部工程	分项工程
机电工程	收费设施	入口车道设备,出口车道设备,收费站设备及软件,收费中心设备及软件,IC卡及发卡编码系统,闭路电视监视系统,内部有线对讲及紧急报警系统,收费站内光、电缆及塑料管道,收费系统计算机网络等
	低压配电设施	中心(站)内低压配电设备,外场设备电力电缆线路等
	照明设施	照明设施
	隧道机电设施	车辆检测器,气象检测器,闭路电视监视系统,紧急电话系统,环境检测设备,报警与诱导设施,可变标志,通风设施,照明设施,消防设施,本地控制器,隧道监控中心计算机控制系统,隧道监控中心计算机网络,低压供配电等
房屋建筑工程	按其专业工程质量检验评定标准评定	

注:表内标注*号者为主要工程,评分时给以2的权值;不带*号者为一般工程,权值为1。

二、工程质量评分

工程质量检验评分以分项工程为单元,采用100分制进行。在分项工程评分的基础上,逐级计算各相应分部工程、单位工程、合同段和建设项目评分值。

1. 分项工程质量评分

分项工程质量检验内容包括基本要求、实测项目、外观鉴定和质量保证资料四个部分。只有在其使用的原材料、半成品、成品及施工工艺符合基本要求的规定,且无严重外观缺陷和质量保证资料真实并基本齐全时,才能对分项工程质量进行检验评定。外观鉴定是对工程外在质量进行观察和必要的量测。

分项工程中,涉及结构安全和使用功能,对安全、卫生、环境保护和公众利益起决定性作用的重要实测项目为关键项目(在文中以"△"标识),其合格率不得低于90%(属于工厂加工制造的交通工程安全设施及桥梁金属构件不低于95%,机电工程为100%),且检测值不得超过规定极值,否则必须进行返工处理。

分项工程中,除关键项目以外的实测项目为一般项目。

实测项目的规定极值是指任一单个检测值都不能突破的极限值,不符合要求时该实测项目为不合格。

采用数理统计方法进行评定的关键项目,不符合要求时则该分项工程评为不合格。

分项工程的评分值满分为100分,按实测项目采用加权平均法计算。存在外观缺陷或资料不全时,须予减分。

$$分项工程得分 = \frac{\Sigma[检查项目得分 \times 权值]}{\Sigma 检查项目权值}$$

权值,是对工程项目或检测指标根据其重要程度所赋予的数值。

分项工程评分值 = 分项工程得分 – 外观缺陷减分 – 资料不全减分

(1)基本要求检查

分项工程所列基本要求,对施工质量优劣具有关键作用,应按基本要求对工程进行认真检查。经检查不符合基本要求规定时,不得进行工程质量的检验和评定。

(2)实测项目计分

对规定检查项目采用现场抽样方法,按照规定频率和下列计分方法对分项工程的施工质量直接进行检测计分。

检查项目除按数理统计方法评定的项目以外,均应按单点(组)测定值是否符合标准要求进行评定,并按合格率计分。

$$检查项目合格率(\%) = \frac{检查合格的点(组)数}{该检查项目的全部检查点(组)数}$$

$$检查项目得分 = 检查项目合格率 \times 100$$

(3)外观缺陷减分

对工程外表状况应逐项进行全面检查,如发现外观缺陷,应进行减分。对于较严重的外观缺陷,施工单位须采取措施进行整修处理。

(4)资料不全减分

分项工程的施工资料和图表残缺,缺乏最基本的数据,或有伪造涂改者,不予检验和评定。资料不全者应予减分,减分幅度可按《公路工程质量检验评定标准》(JTG F80/1—2004)中3.3.4条所列各款逐款检查,视资料不全情况,每款减1~3分。

2. 分部工程和单位工程质量评分

分项工程和分部工程区分为一般工程和主要(主体)工程,分别给以1和2的权值。进行分部工程和单位工程评分时,采用加权平均值计算法确定相应的评分值。

$$分部(单位)工程评分值 = \frac{\Sigma[分项(分部)工程评分值 \times 相应权值]}{\Sigma 分项(分部)工程权值}$$

3. 合同段和建设项目工程质量评分

合同段和建设项目工程质量评分值按《公路工程竣(交)工验收办法》进行计算。

4. 质量保证资料

施工单位应有完整的施工原始记录、试验数据、分项工程自查数据等质量保证资料,并进行整理分析,负责提交齐全、真实和系统的施工资料和图表。工程监理单位负责提交齐全、真实和系统的监理资料。质量保证资料应包括以下六个方面:

(1)所用原材料、半成品和成品质量检验结果。

(2)材料配比、拌和加工控制检验和试验数据。

(3)地基处理、隐蔽工程施工记录和大桥、隧道施工监控资料。

(4)各项质量控制指标的试验记录和质量检验汇总图表。

(5)施工过程中遇到的非正常情况记录及其对工程质量影响分析。

(6)施工过程中如发生质量事故,经处理补救后,达到设计要求的认可证明文件等。

三、工程质量等级评定

工程质量评定等级分为合格与不合格,应按分项、分部、单位工程、合同段和建设项目逐级评定。

1. 分项工程质量等级评定

分项工程评分值不小于75分者为合格;小于75分者为不合格;机电工程、属于工厂加工制造的桥梁金属构件不小于90分者为合格,小于90分者为不合格。

评定为不合格的分项工程,经加固、补强或返工、调测,满足设计要求后,可以重新评定其质量等级,但计算分部工程评分值时按其复评分值的90%计算。

2. 分部工程质量等级评定

所属各分项工程全部合格,则该分部工程评为合格;所属任一分项工程不合格,则该分部工程为不合格。

3. 单位工程质量等级评定

所属各分部工程全部合格,则该单位工程评为合格;所属任一分部工程不合格,则该单位工程为不合格。

4. 合同段和建设项目质量等级评定

合同段和建设项目所含单位工程全部合格,其工程质量等级为合格;所属任一单位工程不合格,则合同段和建设项目为不合格。

四、公路工程质量评定案例

石城至吉安高速公路CP2合同段(起讫桩号:K162+300~K190+040)为路面标,共划分为6个单位工程,由江西省交通工程集团公司承建,下面以分项工程沥青混凝土面层(K162+300~K164+000)为例说明分项工程质量检验评定,以分部工程路面工程(K162+300~K164+000)为例说明分部工程质量检验评定,以单位工程路面工程(K162+300~K172+000)为例说明单位工程质量检验评定,以CP2合同段为例说明合同段的工程质量评分和工程质量等级评定方法。

(一)分项工程质量检验评定

本评定以沥青混凝土面层(K162+300~K164+000)为例,评定结果见表7-2。

1. 沥青混凝土面层基本要求

(1)沥青混合料的矿料质量及矿料级配应符合设计要求和施工规范的规定。

(2)严格控制各种矿料和沥青用量及各种材料和沥青混合料的加热温度,沥青材料及混合料的各项指标应符合设计和施工规范要求。沥青混合料的生产,每日应做抽提试验、马歇尔稳定度试验。矿料级配、沥青含量、马歇尔稳定度等结果的合格率应不小于90%。

(3)拌和后的沥青混合料应均匀一致,无花白,无粗细料分离和结团成块现象。

(4)基层必须碾压密实,表面干燥、清洁、无浮土,其平整度和路拱度应符合要求。

(5)摊铺时应严格控制摊铺厚度和平整度,避免离析,注意控制摊铺和碾压温度,碾压至要求的密实度。

2. 沥青混凝土面层实测项目

见《公路工程质量检验评定标准》(JTG F80/1—2004)沥青混凝土面层实测项目。

3. 沥青混凝土面层外观鉴定

(1)表面应平整密实,不应有泛油、松散、裂缝和明显离析等现象,对于高速公路和一级公路,有上述缺陷的面积(凡属单条的裂缝,则按其实际长度乘以0.2m宽度,折算成面积)之和不得超过受检面积的0.03%,其他公路不得超过0.05%。不符合要求时每超过0.03%或0.05%减2分。半刚性基层的反射裂缝可不计作施工缺陷,但应及时进行灌缝处理。

(2)搭接处应紧密、平顺,烫缝不应枯焦。不符合要求时,累计每10m长减1分。

(3)面层与路缘石及其他构筑物应密贴接顺,不得有积水或漏水现象。不符合要求时,每一处减 1~2 分。

4. 沥青混凝土面层质量保证资料

(1) 所用集料、矿粉、沥青等原材料和沥青混合料质量检验结果。

(2) 沥青混合料配合比、拌和加工控制检验和试验数据。

(3) 各项质量控制指标的试验记录和质量检验汇总图表。

(4) 施工过程中遇到的非正常情况记录及其对工程质量影响分析。

(5) 施工过程中如发生质量事故,经处理补救后,达到设计要求的认可证明文件等。

分项工程质量检验评定表   表 7-2

分项工程名称:沥青混凝土面层　　　　所属分部工程名称:路面工程
所属建设项目:石城至吉安高速公路　　工程部位:K162+300~K164+000
施工单位:江西省交通集团公司　　　　监理单位:江西交通监理公司

基本要求	经检查:沥青混合料质量、矿料级配符合要求;加热温度、马歇尔稳定度符合要求;沥青混合料拌和均匀;碾压温度、摊铺、接缝均能满足要求						
项次	检查项目		规定值或允许偏差	实测值或实测偏差值	质量评定		
					平均值、代表值	合格率(%)	权值	得分

项次	检查项目		规定值或允许偏差	实测值或实测偏差值	平均值、代表值	合格率(%)	权值	得分
1△	压实度(%)		最大理论密的92%	见附表:J207		100	3	300
2	平整度(mm)	σ(mm)	1.2	见附表:S623		100	2	200
		IRI(m/km)	2.0	见附表:				
3	弯沉值(0.01mm)		符合设计要求	见附表:S621		100	2	200
4	渗水系数		300mL/min	见附表:S623		100	2	200
5	抗滑	摩擦系数	符合设计要求	见附表:S623		100	2	200
		构造深度		见附表:S623		100		
6△	厚度(mm)	代表值	总厚度:-5%H 上面层:-10%H	见附表:S620		100	3	300
		合格值	总厚度:-10%H 上面层:-20%H	见附表:S620		100		
7	中线平面偏位(mm)		20	见附表:2J115		100	1	100
8	纵断高程(mm)		±15	见附表:2J113		98	1	98
9	宽度(mm)		±20	见附表:2J110		100	1	100
10	横坡(%)		±0.3	见附表:2J111		100	1	100
合计						99.9		
外观鉴定			面层与路缘石有一处不够密贴	减分	1	监理意见	评定合格	
质量保证资料			齐全、完整	减分	0			
工程质量等级评定			合格	评分:	98.9	质量等级	合格	

实测项目

检验负责人:×××　　检测:×××　　记录:×××　　复核:×××　　××××年×月×日

(二)分部工程质量检验评定

本评定以路面工程(K162+300~K164+000)为例,评定结果见表7-3。

分部工程质量检验评定表　　　　　　　　　　　　　　　　　　表7-3

分部工程名称:路面工程　　　　　　　　　　所属单位工程:路面工程
所属建设项目:石城至吉安高速公路　　　　　工程部位:K162+300~K164+000
建设单位:江西省交通厅石城至吉安高速公路项目建设办公室
施工单位:江西省交通工程集团公司　　　　　监理单位:江西交通工程监理公司

施工单位	分项工程					备注
	工程名称	质量工程				
		实得分	权值	加权得分	等级	
江西省交通工程集团公司	K162+300~K164+000 底基层	98.50	1	98.50	合格	
	K162+300~K164+000 下基层	98.30	2	98.30	合格	
	K162+300~K164+000 中基层	98.70	2	98.70	合格	
	K162+300~K164+000 面层	98.90	2	98.90	合格	
	K162+300~K164+000 路缘石	98.00	1	98.00	合格	
	K162+300~K164+000 过渡板	97.10	1	97.10	合格	
	K162+300~K164+000 路肩干砌片石	97.80	1	97.80	合格	
	K162+300~K164+000 雨水井预制	98.00	1	98.00	合格	
	K162+300~K164+000 雨水井安装	97.00	1	97.00	合格	
	K162+300~K164+000 桥面防水层	99.00	1	99.00	合格	
	K162+300~K164+000 路肩	98.70	1	98.70	合格	
加权平均分	98.28	质量等级		合格		
评定意见	本分部工程所属的各分项工程质量全部合格					

检验负责人:×××　　　计算:×××　　　复核:×××　　　××××年×月×日

(三)单位工程质量检验评定

本评定以路面工程(K162+300~K172+000)为例,评定结果见表7-4。

单位工程质量检验评定表　　　　　　　　　　　　　　　　　　表7-4

单位工程名称:路面工程　　　　　　　　　　所属建设项目:石城至吉安高速公路
路线名称:石城至吉安高速公路 CP2 标　　　 工程地点、桩号:K162+300~K172+000
施工单位:江西省交通工程集团公司　　　　　监理单位:江西交通工程监理公司

施工单位	分部工程					备注
	工程名称	质量工程				
		实得分	权值	加权得分	等级	
江西省交通工程集团公司	K162+300~K161+000	98.28	2	196.56	合格	
	K164+000~K165+600	98.11	2	196.22	合格	
	K165+600~K167+000	98.62	2	197.24	合格	
	K167+000~K168+840	98.04	2	196.08	合格	
	K168+840~K169+798	98.08	2	196.16	合格	

续上表

施工单位	分部工程					备注
	工程名称	质量工程				
		实得分	权值	加权得分	等级	
江西省交通工程集团公司	AK1+238.367~AK1+728.101	98.71	2	197.42	合格	
	BK1+223.222~BK1+548.893	98.86	2	197.72	合格	
	K169+798~K170+943	98.7	2	197.4	合格	
	K170+943~K172+000	98.25	2	196.5	合格	
加权平均分	98.4	质量等级			合格	
评定意见	本单位工程所属的各分部工程质量全部合格					

检验负责人：×××　　计算：×××　　复核：×××　　××××年×月×日

（四）合同段质量检验评定

本评定以 CP2 合同段为例，评定结果见表 7-5。

建设项目（合同段）质量检验评定表　　　　　　　　表 7-5

项目名称：石城至吉安高速公路　　　路线名称：石城至吉安高速公路 CP2 标
起讫桩号：K162+300~K190+040　　　完工日期：2010.9.6

施工单位	单位工程			备注
	工程名称	实得分	投资额（元）	
江西省交通工程集团公司	K162+300~K172+000	98.4	79 108 891	
江西省交通工程集团公司	K172+000~K181+860	98.2	71 514 091	
江西省交通工程集团公司	K181+860~K189+200	98.3	61 166 525	
江西省交通工程集团公司	K180+400~K181+860 泰和北互通	98.5	28 275 167	
江西省交通工程集团公司	K187+084~K187+274.47 石山隧道	98	585 254	
江西省交通工程集团公司	K189+200~K190+040 泰和枢纽	98.7	20 842 869	
质量等级	合格	加权平均分	98.35	
评定意见	本合同段所属的各单位工程质量全部合格			

检验负责人：×××　　计算：×××　　复核：×××　　××××年×月×日

工作任务 7.2　公路工程竣（交）工验收

任务概述

1. 应知应会

（1）了解交工验收和竣工验收的条件、程序。
（2）熟悉交工验收和竣工验收的内容；参加交工验收和竣工验收单位的主要职责。
（3）掌握交工验收和竣工验收工程质量评分及质量等级评定方法。
（4）会进行交工验收和竣工验收工程质量评分及质量等级评定。

2. 学习要求

（1）研读教材内容。

(2)查阅交通部《公路工程竣(交)工验收办法》(交通部令2004年第3号),交通运输部《公路工程竣(交)工验收办法实施细则》(交公路发[2010]65号)。

(3)重视理论联系实际。

相关知识

公路工程应按《公路工程竣(交)工验收办法》进行竣(交)工验收,未经验收或者验收不合格的,不得交付使用。

公路工程验收分为交工验收和竣工验收两个阶段。交工验收是检查施工合同的执行情况,评价工程质量是否符合技术标准及设计要求,是否可以移交下一阶段施工或是否满足通车要求,对各参建单位工作进行初步评价。竣工验收是综合评价工程建设成果,对工程质量、参建单位和建设项目进行综合评价。

任务实施

一、交工验收

1. 公路工程交工验收应具备的条件

(1)合同约定的各项内容已完成。

(2)施工单位按交通部制定的《公路工程质量检验评定标准》(JTG F80/1—2004)及相关规定的要求对工程质量自检合格。

(3)监理工程师对工程质量的评定合格。

(4)质量监督机构按交通部规定的公路工程质量鉴定办法对工程质量进行检测(必要时可委托有相应资质的检测机构承担检测任务),并出具检测意见。

(5)竣工文件已按交通部规定的内容编制完成。

(6)施工单位、监理单位已完成本合同段的工作总结。

公路工程各合同段符合交工验收条件后,经监理工程师同意,由施工单位向项目法人提出申请,项目法人应及时组织对该合同段进行交工验收。

2. 交工验收程序

(1)施工单位完成合同约定的全部工程内容,且经施工自检和监理检验评定均合格后,提出合同段交工验收申请报监理单位审查。交工验收申请应附自检评定资料和施工总结报告。

(2)监理单位根据工程实际情况、抽检资料以及对合同段工程质量评定结果,对施工单位交工验收申请及其所附资料进行审查并签署意见。监理单位审查同意后,应同时向项目法人提交独立抽检资料、质量评定资料和监理工作报告。

(3)项目法人对施工单位的交工验收申请、监理单位的质量评定资料进行核查,必要时可委托有相应资质的检测机构进行重点抽查检测,认为合同段满足交工验收条件时应及时组织交工验收。

(4)对若干合同段完工时间相近的,项目法人可合并组织交工验收。对分段通车的项目,项目法人可按合同约定分段组织交工验收。

(5)通过交工验收的合同段,项目法人应及时颁发"公路工程交工验收证书"。

(6)各合同段全部验收合格后,项目法人应及时完成"公路工程交工验收报告"。

3. 交工验收的主要工作内容

(1)检查合同执行情况。

(2)检查施工自检报告、施工总结报告及施工资料。

(3)检查监理单位独立抽检资料、监理工作报告及质量评定资料。

(4)检查工程实体,审查有关资料,包括主要产品质量的抽(检)测报告。

(5)核查工程完工数量是否与批准的设计文件相符,是否与工程计量数量一致。

(6)对合同是否全面执行、工程质量是否合格作出结论,按交通主管部门规定的格式签署合同段交工验收证书。

(7)按交通部规定的办法对设计单位、监理单位、施工单位的工作进行初步评价。

4. 参加交工验收单位的主要职责

项目法人负责组织公路工程各合同段的设计、监理、施工等单位参加交工验收。路基工程作为单独合同段进行交工验收时,应邀请路面施工单位参加。拟交付使用的工程,应邀请运营、养护管理等相关单位参加。交通运输主管部门、公路管理机构、质量监督机构视情况参加交工验收。

项目法人负责组织各合同段参建单位完成交工验收工作的各项内容,总结合同执行过程中的经验,对工程质量是否合格作出结论。

设计单位负责检查已完成的工程是否与设计相符,是否满足设计要求。

监理单位负责完成监理资料的汇总、整理,协助项目法人检查施工单位的合同执行情况,核对工程数量,科学公正地对工程质量进行评定。

施工单位负责提交竣工资料,完成交工验收准备工作。

5. 交工验收工程质量评分及质量等级评定

施工合同段工程质量评分采用所含各单位工程质量评分的加权平均值。

$$合同段工程质量评分值 = \frac{\sum(单位工程质量评分值 \times 该单位工程投资额)}{合同段总投资额}$$

工程各施工合同段交工验收结束后,由项目法人对整个工程项目进行工程质量评定,工程质量评分采用各合同段工程质量评分的加权平均值。项目投资额原则使用结算价,当结算价暂时未确定时,可使用招标合同价,但在评分计算时应统一。

$$工程项目质量评分值 = \frac{\sum(合同段工程质量评分值 \times 该合同段投资额)}{\sum 施工合同段投资额}$$

交工验收工程质量等级评定分为合格和不合格,工程质量评分值大于等于 75 分的为合格,小于 75 分的为不合格。交工验收不合格的工程应返工整改,直至合格。交工验收提出的工程质量缺陷等遗留问题,由项目法人责成施工单位限期完成整改。

公路工程各合同段验收合格后,质量监督机构应向交通主管部门提交项目的检测报告。交通主管部门在 15 天内未对备案的项目交工验收报告提出异议,项目法人可开放交通进入试运营期。

二、竣工验收

1. 公路工程进行竣工验收应具备的条件

(1)通车试运营 2 年后。

(2)交工验收提出的工程质量缺陷等遗留问题已处理完毕,并经项目法人验收合格。

(3)工程决算已按交通部规定的办法编制完成,竣工决算已经审计,并经交通主管部门或其授权单位认定。

(4)竣工文件已按交通部规定的内容完成。

(5)对需进行档案、环保等单项验收的项目,已经有关部门验收合格。

(6)各参建单位已按交通部规定的内容完成各自的工作报告。

(7)质量监督机构已按交通部规定的公路工程质量鉴定办法对工程质量检测鉴定合格,并形成工程质量鉴定报告。

公路工程符合竣工验收条件后,项目法人应按照项目管理权限及时向交通主管部门申请验收。交通主管部门应当自收到申请之日起30日内,对申请人递交的材料进行审查,对于不符合竣工验收条件的,应当及时退回并告知理由;对于符合验收条件的,应自收到申请文件之日起3个月内组织竣工验收。

2. 竣工验收准备工作程序

(1)公路工程符合竣工验收条件后,项目法人应按照公路工程管理权限及时向相关交通运输主管部门提出验收申请。

(2)相关交通运输主管部门对验收申请进行审查,必要时可组织现场核查。审查同意后报负责竣工验收的交通运输主管部门。

(3)以上文件齐全且符合条件的项目,由负责竣工验收的交通运输主管部门通知所属的质量监督机构开展质量鉴定工作。

(4)质量监督机构按要求完成质量鉴定工作,出具工程质量鉴定报告,并审核交工验收对设计、施工、监理初步评价结果,报送交通运输主管部门。

(5)工程质量鉴定等级为合格及以上的项目,负责竣工验收的交通运输主管部门及时组织竣工验收。

3. 竣工验收的主要工作内容

(1)成立竣工验收委员会。

(2)听取项目法人、设计单位、施工单位、监理单位的工作报告。

(3)听取质量监督机构的工作报告及工程质量鉴定报告。

(4)检查工程实体质量、审查有关资料。

(5)按交通部规定的办法对工程质量进行评分,并确定工程质量等级。

(6)按交通部规定的办法对参建单位进行综合评价。

(7)对建设项目进行综合评价。

(8)形成并通过竣工验收鉴定书。

竣工验收委员会由交通主管部门、公路管理机构、质量监督机构、造价管理机构等单位代表组成。大中型项目及技术复杂工程,应邀请有关专家参加。

项目法人、设计单位、监理单位、施工单位、接管养护单位参加竣工验收工作。

4. 参加竣工验收工作各方的主要职责

竣工验收委员会由交通运输主管部门、公路管理机构、质量监督机构、造价管理机构等单位代表组成。大中型项目及技术复杂工程,应邀请有关专家参加。项目法人、设计、施工、监理、接管养护等单位代表参加竣工验收工作,但不作为竣工验收委员会成员。

竣工验收委员会负责对工程实体质量及建设情况进行全面检查。按交通部规定的办法对工程质量进行评分,对各参建单位进行综合评价,对建设项目进行综合评价,确定工程质量和建设项目等级,形成工程竣工验收鉴定书。

项目法人负责提交项目执行报告及验收所需资料,协助竣工验收委员会开展工作。

设计单位负责提交设计工作报告,配合竣工验收检查工作。

监理单位负责提交监理工作报告,提供工程监理资料,配合竣工验收检查工作。

施工单位负责提交施工总结报告,提供各种资料,配合竣工验收检查工作。

5. 竣工验收工程质量评分及质量等级评定

竣工验收工程质量评分采取加权平均法计算,其中交工验收工程质量得分权值为0.2,质量监督机构工程质量鉴定得分权值为0.6,竣工验收委员会对工程质量评定得分权值为0.2。

工程质量评定得分大于等于90分为优良,小于90分且大于等于75分为合格,小于75分为不合格。

6. 竣工验收建设项目综合评分

竣工验收委员会对项目法人及设计、施工、监理单位工作进行综合评价。评定得分大于等于90分且工程质量等级优良的为好,小于90分且大于等于75分为中,小于75分为差。

竣工验收建设项目综合评分采取加权平均法计算,其中竣工验收工程质量得分权值为0.7,参建单位工作评价得分权值为0.3(项目法人占0.15,设计、施工、监理各占0.05)。

评定得分大于等于90分且工程质量等级优良的为优良,大于等于75分为合格,小于75分为不合格。发生过重大及以上生产安全事故的建设项目综合评定等级不得评为优良。

负责组织竣工验收的交通主管部门对通过验收的建设项目按交通部规定的要求签发《公路工程竣工验收鉴定书》。通过竣工验收的工程,由质量监督机构依据竣工验收结论,按照交通部规定的格式对各参建单位签发工作综合评价等级证书。

三、公路工程竣(交)工验收案例

(一)工程概况

某公路新建工程,公路等级为山岭重丘区一级公路,计算行车速度60km/h,桥梁设计荷载汽车—超20级,挂车—120。全长96km,大桥2座/310m,中桥18座/1 300m,小桥14座,涵洞584道,防护及排水工程23万m^3,警告标志277块,地名标志3块,里程碑232块,公路界碑1 558块,公路中心标线14 094m^2,沿线设3个养护工区。

本项目组建了某公路建设项目办公室(简称项目办)对工程建设实行全面管理,工程项目划分为四个路基工程施工合同段(A1合同段~A4合同段分别由甲、乙、丙、丁公司承建),两个路面施工合同段(A5合同段、A6合同段分别由E、F公司承建),一个交通安全设施合同段(A7合同段由G公司承建)以及二个监理合同段(JL1合同段、JL2合同段),其中JL1负责A1、A2路基施工合同段及A5路面施工合同段的监理,JL2负责A3、A4路基施工合同段及A6路面施工合同段和A7交通安全设施合同段的监理。该项目于2007年3月1日开工修建,路基施工期为18个月,路面施工其为9个月。

(二)交工验收

下面以A2合同段为例说明交工验收过程。

工程开工之前施工单位按照《公路工程质量检验评定标准》(JTG F80/1—2004)附录A建设项目划分的原则,对本合同段单位工程、分部工程进行划分,其中K10~K20为一个路基单位工程。

1. 路基土方转序

2007年9月,乙公司某公路项目经理部完成A2合同段的10km(K10～K20)路基土石方工程,为了保证总工期,计划将该段路基土石方工程移交E公司进行A5路面合同段的施工。同时乙公司某公路项目经理部完成该段路基土石方的工程质量自检,并收集、整理相关资料。乙公司将以上材料同该段路基土石方移交申请报项目法人并先报JL1监理标的路基监理工程师进行审查。

同时,JL1监理标完成K10～K20路基土石方工程的工程质量评定。JL1在接到乙公司某公路项目经理部提交的K10～K20路基土石方移交申请后,依据平时掌握的情况以及评定结果对申请报告提出明确的意见。如果同意,则由乙公司向项目办提交路基土石方移交申请;如不同意则由乙公司某公路项目经理部进行整改、完善直到监理工程师同意申请。

项目办接到K10～K20路基土石方移交申请后,请求质量监督机构对该段路基的弯沉和压实度进行检测。质量监督机构经过对该段路基的检测后,向项目办出具检测意见。

2. 合同段交工验收

2008年9月乙公司某公路项目经理部完成A2合同段所有合同约定的工程,按照开工时划分的单位、分部、分项工程逐级进行评分,评定质量等级,完成自检报告和施工总结报告,并收集、整理交工验收时须完成的竣工文件,编排成册。乙公司某公路项目经理部向项目办提出交工验收申请并先将以上材料整理随合同段交工申请报告一同送JL1进行审查。

同时,JL1监理根据平时抽检的数据及时完成A2合同段的工程质量评分、等级评定,并按要求完成监理工作报告以及A2合同段监理单位竣工文件。

JL1监理在接到乙公司某公路项目经理部提交的交工验收申请报告后,监理及时进行审查并出具审查意见。如果同意则由乙公司某公路项目经理部向项目办提交交工验收申请;如不同意则由乙公司某某公路项目经理部进行整改、完善直到监理工程师同意申请。

项目办在接到乙公司某公路项目经理部提交的A2合同段交工验收申请报告后,向质量监督机构提出工程质量鉴定申请,请求质量监督机构对本合同段工程质量进行检测。质量监督机构经过检测后,向项目办出具检测意见。某公路所有合同段施工完成后,形成某公路工程质量检测报告,在某公路试运营前提交通厅建设处。

项目办在接到质量监督机构出具的工程质量检测意见后,根据平时掌握的情况对乙公司某公路项目经理部提交的A2合同段交工验收申请报告进行核查,核查后认为满足交工验收条件,确定组织交工验收时间。

2008年11月1日项目办组织设计代表、监理、施工单位等主要人员进行A2合同段交工验收工作,检查了A2合格段的合同执行情况、资料及工程实体,做出合格结论,并向乙公司某公路项目经理部签发了合同段交工验收证书。并组织相关人员对设计单位、监理单位、施工单位的工作进行了初步评价。

2009年3月30日某公路所有合同段交工验收工作完成,并全部合格后,项目办对整个工程进行交工验收工程质量评定,形成项目交工验收报告,向交通厅备案,抄送质量监督机构。

2009年4月15日前,交通厅根据质量监督机构提交的某公路检测报告对某公路交工验收报告进行核查,没有异议。某公路决定于2009年4月20日进入试运营。

项目办在某公路进入试运营后,陆续申请对房建工程、机电工程、环保和档案等项目进行验收,并验收合格。决算已经审计,并通过认定。

2010年4月项目办对交工验收提出的工程质量缺陷等问题进行验收,并验收合格。项目法人、设计、施工、监理均完成各自的工作报告。

(三)竣工验收

2011年1月,项目办向质量监督机构提出申请,申请进行竣工质量鉴定检测。质量监督机构于2011年3月完成质量鉴定工作,并形成工程质量鉴定报告。

2011年1月,项目办向交通厅提出申请,申请对某公路进行竣工验收。2011年4月交通厅批准,于2011年月15日对某公路进行竣工验收。

2011年4月15日交通厅组织某公路竣工验收。首先,成立竣工验收委员会。竣工验收委员会由交通厅、公路局、厅质监站、厅定额站、山南交通局、接管单位、特邀专家等组成,项目法人、设计单位、各监理单位以及施工单位代表均参加竣工验收工作。接下来,竣工验收委员会听取参建单位的工作报告,听取质量监督机构的工程报告及工程质量鉴定报告,进行专业检查分组工作。各专业组现场检查工程实体质量,审查有关资料,形成检查意见;随后,竣工验收委员会对工程质量进行评分。

2011年4月16日,竣工验收委员会对各参建单位进行综合评价,对建设项目进行综合评价,形成并通过竣工验收鉴定证书。随后,由交通厅建设处代表交通厅签发《某公路工程竣工验收鉴定书》。

2011年4月底,质量监督机构依据某公路竣工验收结论,对各参建单位签发工作综合评价等级证书。

竣工验收通过后,项目办向有关单位移交档案资料。

学习情境8　在用公路技术状况检测与评定

情境概述

一、职业能力分析

通过本情境的学习,期望达到下列目标。

1. 专业能力

(1)了解公路损坏类型。
(2)熟悉公路技术状况的评价指标、评定要求。
(3)掌握公路技术状况等级、公路技术状况的检测与调查方法、计算方法。
(4)会进行公路技术状况的检测与调查。
(5)会进行公路技术状况评定。

2. 社会能力

(1)通过分组活动,培养团队协作能力。
(2)通过规范文明操作,培养良好的职业道德和安全环保意识。
(3)通过小组讨论、上台演讲评述,培养表达沟通能力。

3. 方法能力

(1)通过查阅资料、文献,培养个人自学能力和获取信息能力。
(2)通过情境化的任务单元活动,掌握解决实际问题的能力。
(3)填写任务工作单,制订工作计划,培养工作方法能力。
(4)能独立使用各种媒体完成工作任务。

二、学习情境描述

为加强公路养护管理工作,科学评定公路技术状况和服务水平,科学编制公路养护规划和计划,科学考核养护工作质量,都要进行公路技术状况的检测和评定工作。

本学习情境主要介绍在用公路损坏类型,在用公路技术状况的评价指标、检测与调查方法、计算方法、评定要求、评定方法等。本学习情境划分为8个工作任务,内容主要包括:公路技术状况检测与调查,路面损坏状况检测,路面平整度检测,路面车辙测试,路面抗滑性能检测,路面结构强度检测,路基、桥隧构造物和沿线设施调查,公路技术状况评定。

三、教学环境要求

本学习情境要求在多媒体教室和机房完成,配备《公路技术状况评定标准》(JTG H20—2007)共10本;可以用于资料查询的电脑、多媒体教学设备、课件和视频教学资料等。

学生分成10个小组,各组独立完成相关的工作任务,并在教学完成后提交任务工作单。

工作任务8.1　公路技术状况检测与调查

1. 应知应会

(1) 了解检测与调查单元。

(2) 熟悉检测与调查内容,检测与调查频率。

(3) 掌握检测与调查方法。

2. 学习要求

(1) 研读教材内容。

(2) 查阅《公路技术状况评定标准》(JTG H20—2007)。

(3) 重视理论联系实际。

公路技术状况检测和评定工作的依据是《公路技术状况评定标准》(JTG H20—2007),同时还应遵守国家和行业其他相关标准、规范的规定。

公路技术状况的检测和评定工作应遵循客观、科学和高效的原则,积极采用先进的检测和评价手段,保证检测与评定结果准确可靠。

1. 检测与调查内容

公路技术状况检测与调查包括路面、路基、桥隧构造物和沿线设施四部分内容。路面检测包括路面损坏、平整度、车辙、抗滑性能和结构强度五项指标,其中,路面结构强度为抽样检测指标。桥隧构造物调查包括桥梁、隧道和涵洞三类构造物。

2. 检测与调查单元

(1) 公路技术状况检测以1 000m路段为基本检测或调查单元。

(2) 公路技术状况数据按上行方向(桩号递增方向)和下行方向(桩号递减方向)分别检测。二、三、四级公路可不分上下行。

(3) 采用快速检测方法检测路面使用性能评定所需数据时,每个检测方向至少检测一个主要行车道。

3. 检测与调查频率

公路技术状况评定所需数据的最低检测与调查频率按表8-1的规定执行。

最低检测与调查频率　　　　　表8-1

检测内容		检测频率	路面损坏 (PCI)	路面平整度 (RQI)	抗滑性能 (SRI)	路面车辙 (RDI)	结构强度 (PSSI)
路面 PQI	沥青	高速、 一级公路	1年1次	1年1次	2年1次	1年1次	抽样检测
		二、三、 四级公路	1年1次	1年1次			

续上表

检测内容		检测频率	路面损坏（PCI）	路面平整度（RQI）	抗滑性能（SRI）	路面车辙（RDI）	结构强度（PSSI）
路面PQI	水泥混凝土	高速、一级公路	1年1次	1年1次			
		二、三、四级公路	1年1次	1年1次			
	砂石		1年1次				
路基SCI			1年1次				
桥隧构造物BCI			采用最新桥梁、隧道、涵洞技术状况评定结果				
沿线设施TCI			1年1次				

任务实施

（一）路面检测

1. 路面损坏状况检测

路面损坏状况检测,宜采用自动化的路况快速检测设备检测,可结合路面损坏和车辙一并检测。条件不具备时,可用人工方法调查。

采用快速检测设备检测路面损坏时,应纵向连续检测,横向检测宽度不得小于车道宽度的70%。检测设备应能够分辨1mm以上的路面裂缝,检测结果宜采用计算机自动识别,识别准确率应达到90%以上。

采用人工方法调查时,调查范围应包含所有行车道,按表8-3、表8-4和表8-5规定的损坏类型实地调查。调查及汇总表的式样见《公路技术状况评定标准》(JTG H20—2007)附录C。

2. 路面平整度检测

路面平整度宜采用快速检测设备,可结合路面损坏和车辙一并检测。单独检测路面平整度时,宜采用高精度的断面类检测设备。

条件不具备的三、四级公路,路面平整度可采用3m直尺人工检测,检测结果按表8-2评定。

路面平整度人工评定标准　　　　　　　　　　　　　　　　表8-2

技术等级	优	良	中	次	差
RQI	≥90	≥80,<90	≥70,<80	≥60,<70	<60
3m直尺(mm)	≤10	>10,≤12	>12,≤15	>15,≤18	>18
颠簸程度	无颠簸,行车平稳	有轻微颠簸,行车尚平稳	有明显颠簸,行车不平稳	严重颠簸,车很不平稳	非常颠簸,非常不平稳

3. 路面车辙检测

路面车辙宜采用快速检测设备,可结合路面损坏和路面平整度一并检测。根据断面数据计算路面车辙深度(RD),计算结果应以10m为单位长期保存。

4. 路面抗滑性能检测

路面抗滑性能宜采用基于横向力系数的路面抗滑性能检测设备或其他具有可靠数据标

定关系的自动化检测设备。路面抗滑性能检测数据(横向力系数)应以20m为单位长期保存。

5. 路面结构强度检测

路面结构强度宜采用自动检测设备检测。自动检测时,宜采用具有可靠数据标定关系的自动化检测设备,检测结果应能换算成我国相关技术规范规定的回弹弯沉值。弯沉检测数据应以20m为单位长期保存。采用贝克曼梁检测时,检测数量应不小于20点/(km·车道)。抽样检测时,检测范围可控制在养护里程的20%以内。

(二)路基、桥隧构造物和沿线设施调查

公路技术状况评定所需要的路基、桥隧构造物和沿线设施数据,应按表8-8~表8-10规定的损坏类型实地调查。调查及汇总表的式样见《公路技术状况评定标准》(JTG H20—2007)附录C。

有条件的地区,可借助便携式路况数据采集仪进行现场调查、汇总、计算与评定。

工作任务8.2 路面损坏状况检测

任务概述

1. 应知应会

(1)了解路面损坏类型和路况快速检测系统(CiCS)。

(2)熟悉自动化路况快速检测路面损坏设备和功能。

(3)掌握路面损坏人工调查方法,沥青路面和水泥混凝土路面损坏类型和权重。

(4)会沥青路面和水泥混凝土路面损坏人工调查。

2. 学习要求

(1)研读教材内容。

(2)查阅查阅《公路技术状况评定标准》(JTG H20—2007)。

(3)重视理论联系实际。

相关知识

路面包括沥青路面、水泥混凝土路面和砂石路面。《公路技术状况评定标准》(JTG H20—2007)规定:路面损坏状况检测,宜采用自动化路况快速检测方法,当条件不具备时也可以采用人工调查方法。

自动化快速检测,从数据采集的效率和评价结果的准确性及重现性要求看,路面损坏状况检测自动化一直是一个主要研究和发展方向。在路面损坏自动化检测领域,目前以基于摄影/摄像和模式识别技术的图像检测方法应用最为广泛,它可以分解为图像获取子系统(数据采集)和图像显示及解释子系统(数据处理)。

人工调查,是指在封闭或不封闭交通的情况下,按照规定的损坏分类和识别方法,采用目测和简单工具丈量的方式,人工记录各种路面损坏的类型、严重程度和数量(长度或面积)。

路面损坏状况一般采用损坏类型、严重程度和损坏范围来表征,通过对路面损坏数据进行检测,根据路面的折合损坏面积和调查面积,可以计算路面破损率(DR)和路面损坏状况指数(PCI)。高速公路和一级公路,路面车辙是作为独立的检测和评价指标,用路面车辙深度指数(RDI)表示,与此同时,在计算 PCI 指标时,路面车辙损坏不再重复考虑。

(一)沥青路面损坏类型

沥青路面损坏分 11 类 21 项。

1. 龟裂

轻:初期裂缝,裂区无变形、无散落,缝细,主要裂缝宽度在 2mm 以下,主要裂缝块度在 0.2~0.5m 之间,损坏按面积计算。

中:龟裂的发展期,龟裂状态明显,裂缝区有轻度散落或轻度变形,主要裂缝宽度在 2~5mm 之间,部分裂缝块度小于 0.2m,损坏按面积计算。

重:龟裂特征显著,裂块较小,裂缝区变形明显、散落严重,主要裂缝宽度大于 5mm,大部分裂缝块度小于 0.2m,损坏按面积计算。

2. 块状裂缝

轻:缝细、裂缝区无散落,裂缝宽度在 3mm 以内,大部分裂缝块度大于 1.0m,损坏按面积计算。

重:缝宽、裂缝区有散落,裂缝宽度在 3mm 以上,主要裂缝块度在 0.5~1.0m 之间,损坏按面积计算。

3. 纵向裂缝

与行车方向基本平行的裂缝。

轻:缝细、裂缝壁无散落或有轻微散落,无支缝或有少量支缝,裂缝宽度在 3mm 以内,损坏按长度计算,检测结果要用影响宽度(0.2m)换算成面积。

重:缝宽、裂缝壁有散落、有支缝,主要裂缝宽度大于 3mm,损坏按长度(m)计算,检测结果要用影响宽度(0.2m)换算成面积。

4. 横向裂缝

与行车方向基本垂直的裂缝。

轻:缝细、裂缝壁无散落或有轻微散落,裂缝宽度在 3mm 以内,损坏按长度计算,检测结果要用影响宽度(0.2m)换算成面积。

重:缝宽、裂缝贯通整个路面、裂缝壁有散落并伴有少量支缝,主要裂缝宽度大于 3mm,损坏按长度计算,检测结果要用影响宽度(0.2m)换算成面积。

5. 坑槽

轻:坑浅,有效坑槽面积在 $0.1m^2$ 以内(约 $0.3m \times 0.3m$),损坏按面积计算。

重:坑深,有效坑槽面积大于 $0.1m^2$(约 $0.3m \times 0.3m$),损坏按面积计算。

6. 松散

轻:路面细集料散失、脱皮、麻面等表面损坏,损坏按面积计算。

重:路面粗集料散失、脱皮、麻面、露骨、表面剥落、有小坑洞,损坏按面积计算。

7. 沉陷

大于 10mm 的路面局部下沉。

轻:深度在 10~25mm 之间,正常行车无明显感觉,损坏按面积计算。

重:深度大于 25mm,正常行车有明显感觉,损坏按面积计算。

8. 车辙

轮迹处深度大于 10mm 的纵向带状凹槽(辙槽)。

轻:辙槽浅,深度在 10~15mm 之间,损坏按长度计算,检测结果要用影响宽度(0.4m)换算成面积。

重:辙槽深,深度 15mm 以上,损坏按长度计算,检测结果要用影响宽度(0.4m)换算成面积。

9. 波浪拥包

轻:波峰波谷高差小,高差在 10~25mm 之间,损坏按面积计算。

重:波峰波谷高差大,高差大于 25mm,损坏按面积计算。

10. 泛油

路面沥青被挤出或表面被沥青膜覆盖形成发亮的薄油层,损坏按面积计算。

11. 修补

龟裂、坑槽、松散、沉陷、车辙等的修补面积或修补影响面积(裂缝修补按长度计算,影响宽度为 0.2m)。

车辙是路面经汽车反复行驶产生流动变形、磨损、沉陷后,在车行道行车轨迹上产生的纵向带状辙槽,车辙深度以毫米(mm)计,车辙面积以平方米(m^2)计。车辙的控制指标,国内没有统一指标,国外是以车辙深度作为评价指标。

(二)水泥路面损坏类型

水泥混凝土路面损坏分 11 类 20 项。

1. 破碎板

轻:板块被裂缝分为 3 块以上,破碎板未发生松动和沉陷,损坏按板块面积计算。

重:板块被裂缝分为 3 块以上,破碎板有松动、沉陷和唧泥等现象,损坏按板块面积计算。

2. 裂缝

板块上只有一条裂缝,裂缝类型包括横向、纵向和不规则的斜裂缝等。

轻:裂缝窄、裂缝处未剥落,缝宽小于 3mm,一般为未贯通裂缝,损坏按长度计算,检测结果要用影响宽度(1.0m)换算成面积。

中:边缘有碎裂,裂缝宽度在 3~10mm 之间,损坏按长度计算,检测结果要用影响宽度(1.0m)换算成面积。

重:缝宽、边缘有碎裂并伴有错台出现,缝宽大于 10mm,损坏按长度计算,检测结果要用影响宽度(1.0m)换算成面积。

3. 板角断裂

裂缝与纵横接缝相交,且交点距板角小于或等于板边长度一半的损坏。

轻:裂缝宽度小于 3mm,损坏按断裂板角的面积计算。

中:裂缝宽度在 3~10mm 之间,损坏按断裂板角的面积计算。

重:裂缝宽度大于 10mm,断角有松动,损坏按断裂板角的面积计算。

4. 错台

接缝两边出现的高差大于 5mm 的损坏。

轻:高差小于 10mm,损坏按长度计算,检测结果要用影响宽度(1.0m)换算成面积。

重:高差 10mm 以上,损坏按长度计算,检测结果要用影响宽度(1.0m)换算成面积。

5. 唧泥

板块在车辆驶过后,接缝处有基层泥浆涌出,损坏按长度计算,检测结果要用影响宽度

(1.0m)换算成面积。

6. 边角剥落

沿接缝方向的板边碎裂和脱落,裂缝面与板面成一定角度。

轻:浅层剥落,损坏按长度计算,检测结果要用影响宽度(1.0m)换算成面积。

中:中深层剥落,接缝附近水泥混凝土有开裂,损坏按长度计算,检测结果要用影响宽度(1.0m)换算成面积。

重:深层剥落,接缝附近水泥混凝土多处开裂,深度超过接缝槽底部,损坏按长度计算,检测结果要用影响宽度(1.0m)换算成面积。

7. 接缝料损坏

由于接缝的填缝料老化、剥落等原因,接缝内已无填料,接缝被砂、石、土等填塞。

轻:填料老化,不密水,但尚未剥落脱空,未被砂、石、泥土等填塞,损坏按长度计算,检测结果要用影响宽度(1.0m)换算成面积。

重:三分之一以上接缝出现空缝或被砂、石、土填塞,损坏按长度计算,检测结果要用影响宽度(1.0m)换算成面积。

8. 坑洞

板面出现有效直径大于30mm、深度大于10mm的局部坑洞,损坏按坑洞或坑洞群所涉及的面积计算。

9. 拱起

横缝两侧的板体发生明显抬高,高度大于10mm,损坏按拱起所涉及的板块面积计算。

10. 露骨

板块表面细集料散失、粗集料暴露或表层疏松剥落,损坏按面积计算。

11. 修补

裂缝、板角断裂、边角剥落、坑洞和层状剥落的修补面积或修补影响面积(裂缝修补按长度计算,影响宽度为0.2m)。

(三)砂石路面损坏类型

砂石路面损坏分6类。

1. 路拱不适

路拱过大或过小。过大将降低行车安全性,过小将使路面雨水不能及时排出。路拱不适程度根据经验确定,按长度计算,检测结果要用影响宽度(3.0m)换算成面积。

2. 沉陷

路面表面的局部凹陷,按面积计算。

3. 波浪搓板

峰谷高差大于30mm的搓板状纵向连续起伏,按面积计算。

4. 车辙

轮迹处深度大于30mm的纵向带状凹槽(辙槽),按长度计算,检测结果要用影响宽度(0.4m)换算成面积。

5. 坑槽

路面上深度大于30mm、直径大于0.1m的坑洞,按面积(m^2)计算。

6. 露骨

黏结料和细集料散失,主骨料外露,按面积计算。

任务实施

（一）自动化路况快速检测

采用自动化快速检测设备检测路面损坏时，应纵向连续检测，横向检测宽度不得小于车道宽度的 70%。检测设备应能够分辨 1mm 以上的路面裂缝，检测结果宜采用计算机自动识别，识别准确率应达到 90% 以上。

路况快速检测系统（CiCS）由交通部公路科学研究院公路养护管理研究中心研究开发，是我国第一套具有完全自主知识产权和世界先进水平的路况快速检测装备（图 8-1）。CiCS 的应用彻底改变了人工目测和手工丈量的传统方式，减少了封闭交通对公路运营的影响，提高了路况检测效率和准确性。

图 8-1　CiCS 路况快速检测车

1. 主要功能

快速检测路面技术状况，包括路面损坏、路面平整度、路面车辙（选装）、路面构造深度（选装）、前方图像、GPS 信息（选装）等。

CiCS 路况快速检测车的各项功能装置如图 8-2 所示，其采集软件界面如图 8-3 所示。

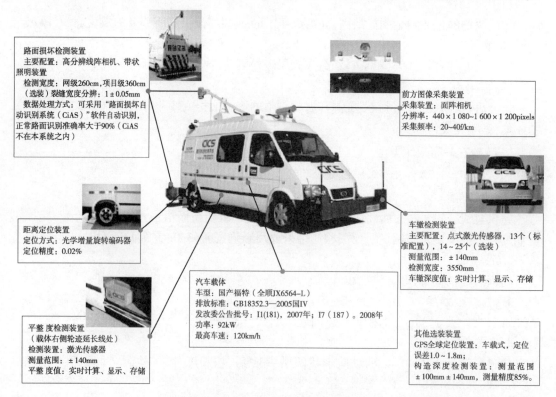

图 8-2　CiCS 路况快速检测车的各项功能装置

2. CiCS 系列产品

路况快速检测系统（CiCS）为模块化结构，全套 CiCS 由 14 个模块组成（图 8-4），各个模块的不同组合，将形成一系列功能不同的产品。

图 8-3 路况快速检测系统(CiCS)采集软件界面

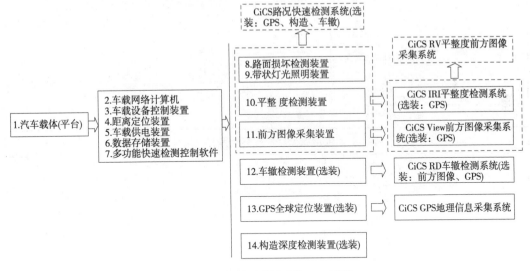

图 8-4 路况快速检测系统(CiCS)结构

(二)人工调查

采用人工调查方法时,调查范围应包含所有行车道,沥青路面按表 8-3 规定的损坏类型实地调查;水泥混凝土路面按表 8-4 规定的损坏类型实地调查;砂石路面按表 8-5 规定的损坏类型实地调查。调查及汇总表的式样见《公路技术状况评定标准》(JTG H20—2007)附录 C。

(1)为了客观反映路面病害程度,并具有可比性,将路面病害归纳为按面积计算和按长度计算两类。

沥青路面损坏类型和权重

表 8-3

类型(i)	损坏名称	损坏程度	权重(w_i)	计量单位
1	龟裂	轻	0.6	面积 m^2
2		中	0.8	
3		重	1.0	
4	块状裂缝	轻	0.6	面积 m^2
5		重	0.8	
6	纵向裂缝	轻	0.6	长度 m（影响宽度:0.2m）
7		重	1.0	
8	横向裂缝	轻	0.6	长度 m（影响宽度:0.2m）
9		重	1.0	
10	坑槽	轻	0.8	面积 m^2
11		重	1.0	
12	松散	轻	0.6	面积 m^2
13		重	1.0	
14	沉陷	轻	0.6	面积 m^2
15		重	1.0	
16	车辙	轻	0.6	长度 m（影响宽度:0.2m）
17		重	1.0	
18	波浪拥包	轻	0.6	面积 m^2
19		重	1.0	
20	泛油	轻	0.2	面积 m^2
21	维修	重	0.1	面积 m^2

水泥混凝土路面损坏类型和权重

表 8-4

类型(i)	损坏名称	损坏程度	权重	计量单位
1	破碎板	轻	0.8	面积 m^2
2		重	1.0	
3	裂缝	轻	0.6	长度 m（影响宽度:0.2m）
4		中	0.8	
5		重	1.0	
6	板角裂缝	轻	0.6	面积 m^2
7		中	0.8	
8		重	1.0	
9	错台	轻	0.6	长度 m（影响宽度:0.2m）
10		重	1.0	
11	唧泥		1.0	长度 m（影响宽度:0.2m）

续上表

类型(i)	损坏名称	损坏程度	权重	计量单位
12	边角剥落	轻	0.6	长度 m（影响宽度：0.2m）
13		中	0.8	
14		重	1.0	
15	接缝料损坏	轻	0.4	长度 m（影响宽度：0.2m）
16		重	0.6	
17	坑洞		1.0	面积 m²
18	拱起		1.0	面积 m²
19	露骨		0.3	面积 m²
20	修补		0.1	面积 m²

砂石路面损坏类型和权重　　　　　　　　　　表8-5

类型(i)	损坏名称	权重(w_i)	计量单位
1	路拱不适	0.1	长度 m（影响宽度：3.0m）
2	沉陷	0.8	面积 m²
3	波浪搓板	1.0	面积 m²
4	车辙	1.0	长度 m（影响宽度：3.0m）
5	坑槽	1.0	面积 m²
6	露骨	0.8	面积 m²

（2）以面积计算的病害,其每一处的数量,应沿病害待修补边缘丈量,以长乘宽求出面积。以100m(人工检测)或10m(快速检测)为单位长期保存。

（3）以长度计算的病害,沿病害实际长度丈量。丈量后换算成面积进行统计整理,公式如下：纵裂、横裂面积 = 长度 × 0.2m,车辙面积 = 长度 × 0.4m。

任务工作单

学习领域：道路工程检测

学习情境8　在用公路技术状况检测与评定 工作任务8.2　路面损坏状况检测	班级		
	姓名		学号
	日期		评分

一、任务内容
　　分组进行路面损坏状况检测,并填写沥青路面损坏调查表、水泥混凝土路面损坏调查表。
二、基本知识
　　1.《公路技术状况评定标准》(JTG H20—2007)规定：路面损坏状况检测,宜采用＿＿＿＿＿方法,当条件不具备时也可以采用＿＿＿＿＿＿＿方法。

2.人工调查,是指在封闭或不封闭交通的情况下,按照规定的损坏分类和识别方法,采用_____的方式,人工记录各种路面_____、_____和数量(长度或面积)。

3.路面损坏状况一般采用_____、_____和损坏范围来表征。

三、任务实施

1.路况快速检测系统(CiCS)主要功能有哪些?

2.路况快速检测系统(CiCS)包括哪14个模块?

3.路面路况人工调查需要哪些工具?

4.填写沥青路面损坏调查表、水泥混凝土路面损坏调查表:
(见附录C 附表C-1 沥青路面损坏调查表、表C-2 水泥混凝土路面损坏调查表)

四、任务小结

通过此工作任务的实施,各小组集中完成下述工作。

1.你认为本次实训是否达到预期目的?还有什么意见和建议?

2.路面路况人工调查以面积计算的病害,其每一处的数量及面积如何计算?

工作任务8.3 路面平整度检测

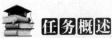 任务概述

1.应知应会

(1)了解激光路面平整度测定仪测定平整度的目的及适用范围。

(2)熟悉熟悉激光路面平整度测定仪测定平整度现场准备工作和测试步骤。

(3)会进行激光路面平整度测定仪测定平整度的检测操作,数据计算与处理,填写试验检测记录表,编制试验检测报告。

2. 学习要求

(1) 研读教材内容。

(2) 查阅《公路路基路面现场测试规程》(JTG E60—2008) 中 T 0934—2008 激光路面平整度测定仪测定平整度试验方法。

(3) 重视理论联系实际。

 相关知识

在用公路路面平整度宜采用快速检测设备,可结合路面损坏和车辙一并检测。单独检测路面平整度时,宜采用高精度的断面类检测设备。

激光路面平整度测定仪是一种与路面无接触的高精度断面类检测设备,测试速度快,精度高。它适用于各类在新建、改建路面工程质量验收和无严重坑槽、车辙等病害及无积水、积雪、泥浆的正常通车条件下连续采集路段平整度数据,评定公路技术状况。

激光路面平整度测定仪采集的数据是路面相对高程值,应以100m为计算区间长度用IRI的标准计算程序计算IRI值,以米/千米(m/km)计。

条件不具备的三、四级公路,路面平整度可采用3m直尺人工检测,检测结果按表8-2评定。

 任务实施

(一) 仪具与材料

1. 测试系统组成

测试系统由承载车辆、距离传感器、纵断面高程传感器和主控制系统组成。主控制系统对测试装置的操作实施控制,完成数据采集、传输、存储与计算过程。

2. 测试系统基本技术要求和参数

(1) 测试速度:30～100km/h。

(2) 采样间隔:≤500mm。

(3) 传感器测试精度:0.5mm。

(4) 距离标定误差:<0.1%。

(5) 系统工作环境温度:0～60℃。

(二) 方法与步骤

1. 准备工作

(1) 设备安装到承载车上以后应按规定进行相关性试验。

(2) 根据设备操作手册的要求对测试系统各传感器进行校准。

(3) 检查测试车轮胎气压,应达到车辆轮胎规定的标准气压,车胎应清洁。

(4) 距离测量装置需要现场安装的,根据设备操作手册说明进行安装,确保机械紧固装置安装牢固。

(5) 检查测试系统各部分应符合测试要求,不应有明显的可视性破损。

(6) 打开系统电源,启动控制程序,检查各部分的工作状态。

2. 测试步骤

(1) 测试开始之前应让测试车以测试速度行驶5～10km,按照设备使用说明规定的预热时间对测试系统进行预热。

(2)测试车停在测试起点前 50~100m 处,启动平整度测试系统程序,按照设备操作手册的规定和测试路段的现场技术要求设置完毕所需的测试状态。

(3)驾驶员应按照设备操作手册要求的测试速度范围驾驶测试车,行驶速度宜在 50~80km/h 之间,避免急加速和急减速,急弯路段应放慢车速,沿正常行车轨迹驶入测试路段。

(4)进入测试路段后,测试人员启动系统的采集和记录程序,在测试过程中必须及时准确地将测试路段的起终点和其他需要特殊标记的位置输入测试数据记录中。

(5)当测试车辆驶出测试路段后,测试人员停止数据采集和记录,并恢复仪器各部分至初始状态。

(6)检查测试数据文件,文件应完整,内容应正常,否则需要重新测试。

(7)关闭测试系统电源,结束测试。

(三)数据计算与处理

(1)用数理统计的方法将各标定路段的 IRI 值和相应的平整度仪测值进行回归分析,建立相关关系方程式,相关系数 R 不得小于 0.99。

(2)激光平整度仪采集的数据是路面相对高程值,应以 100m 为计算区间长度用 IRI 的标准计算程序计算 IRI 值,以米/千米(m/km)计。

(四)检测记录与报告

平整度检测报告应包括以下内容:

(1)国际平整度指数 IRI 平均值。

(2)提供激光平整度仪测值与国际平整度指数 IRI 在选定测试条件下的相关关系式及相关系数。

任务工作单

学习领域:道路工程检测

学习情境 8　在用公路技术状况检测与评定 工作任务 8.3　路面平整度检测	班级			
	姓名		学号	
	日期		评分	

一、任务内容

分组用激光路面平整度测定仪测定路表面平整度,并填写试验检测记录表和编制试验检测报告。

二、基本知识

1.用激光路面平整度测定仪采集的数据是_____,应以 100m 为计算区间长度,用 IRI 的标准计算程序计算 IRI 值,以米/千米(m/km)计。

2.激光路面平整度测定仪测定平整度适用_____ _____。

三、任务实施

1.激光路面平整度测定仪测定路表面平整度所需仪具与材料:

2.激光路面平整度测定仪测定路表面平整度现场准备工作:

3.激光路面平整度测定仪测定路表面平整度测试步骤:

4.填写试验检测记录表:
(见 JJ 1403 路基路面平整度试验检测记录表 激光路面平整度测定仪)
5.编制试验检测报告:
(见 JB 021403 路基路面平整度试验检测报告)
四、任务小结
通过此工作任务的实施,各小组集中完成下述工作。
1.你认为本次实训是否达到预期目的?还有什么意见和建议?

2.激光路面平整度测定仪测定路表面平整度需要哪些仪具与材料?如何测定?

工作任务8.4 路面车辙测试

1.应知应会

(1)了解沥青路面车辙测试方法的目的及适用范围;熟悉沥青路面车辙测试现场准备工作和测试步骤。

(2)会进行沥青路面车辙测试的检测操作,数据计算与处理,填写试验检测记录表,编制试验检测报告。

2.学习要求

(1)研读教材内容。

(2)查阅《公路路基路面现场测试规程》(JTG E60—2008)中 T 0973 沥青路面车辙测试方法。

(3)重视理论联系实际。

相关知识

车辙是沥青路面经汽车反复行驶产生流动变形、磨损、沉陷后,在车行道行车轨迹上产生的纵向带状辙槽,车辙深度以毫米(mm)计,车辙面积以平方米(m^2)计。国内没有统一的车辙控制指标,国外是以车辙深度作为评价指标。

路面车辙宜采用快速检测设备,可结合路面损坏和路面平整度一并检测。根据断面数据计算路面车辙深度(RD),计算结果应以 10m 为单位长期保存。

任务实施

(一)仪具与材料

可选用下列仪具与材料。

(1)路面横断面仪:如图 8-5 所示。其长度不小于一个车道宽度,横梁上有一位移传感器,可自动记录横断面形状,测试间距小于 20cm,测试精度 1mm。

(2)激光或超声波车辙仪:包括多点激光或超声波车辙仪、线激光车辙仪和线扫描激光车辙仪等类型,通过激光测距技术或激光成像和数字图像分析技术得到车道横断面相对高程数据,并按规定模式计算车辙深度。

要求激光或超声波车辙仪有效测试宽度不小于 3.2m,测点不少于 13 点,测试精度 1mm。

(3)横断面尺:如图 8-6 所示。横断面尺为硬木或金属制直尺,刻度间距 5cm,长度不小于一个车道宽度。顶面平直,最大弯曲不超过 1mm。两端有把手及高度为 10～20cm 的支脚,两支脚的高度相同。

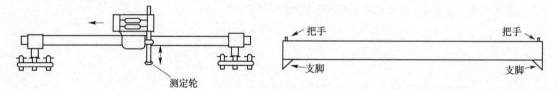

图 8-5　路面横断面仪　　　　　　图 8-6　路面横断面尺

(4)量尺:钢板尺、卡尺、塞尺,量程大于车辙深度,刻度至 1mm。

(5)其他:皮尺、粉笔等。

(二)方法与步骤

1. 确定车辙测定的基准测量宽度

(1)对高速公路及一级公路,以发生车辙的一个车道两侧标线宽度中点到中点的距离为基准测量宽度。

(2)对二级及二级以下公路,有车道区画线时,以发生车辙的一个车道两侧标线宽度中点到中点的距离为基准测量宽度;无车道区画线时,以形成车辙部位的一个设计车道宽度作为基准测量宽度。

2. 确定车辙测定的间距

以一个评定路段为单位,用激光车辙仪连续检测时,测定断面间隔不大于 10m。用其他方法非连续测定时,在车道上每隔 50m 作为一测定断面,用粉笔画上标记进行测定。根据需要也可按《公路路基路面现场测试规程》(JTG E60—2008)中随机选点方法在行车道上随机选取测定断面,在特殊需要的路段如交叉口前后可予以加密。

3. 各种仪器的测定方法

(1)采用激光或超声波车辙仪的测试步骤如下:

①将检测车辆就位于测定区间起点前。

②启动并设定检测系统参数。

③启动车辙和距离测试装置,开动测试车沿车道轮迹位置且平行于车道线平稳行驶,测试系统自动记录出每个断面和距离数据。

④到达测定区间终点后,结束测定。

⑤系统处理软件按照图8-7规定的模式通过各横断面相对高程数据计算车辙深度。

传感器数量较多的设备能够采集到全部计算控制点的高程,因此车辆在车道上的行驶位置对测试结果的影响不大;但传感器数量少的设备,必须保证车辆严格在行车轨迹上行驶,否则将导致传感器与车辙计算控制点错位,采集不到控制点高程数据,进而计算出错误的车辙深度。

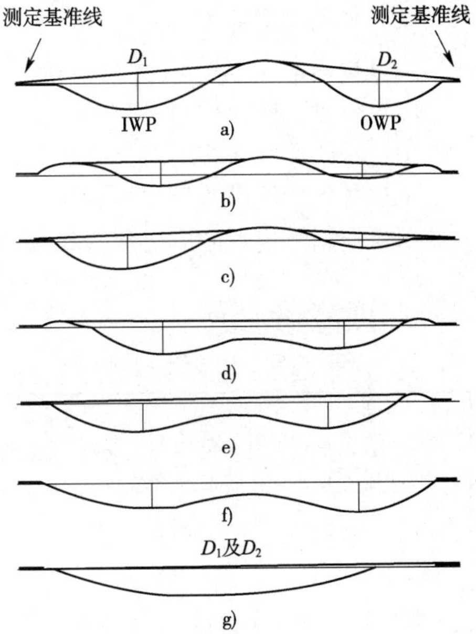

(2)采用路面横断面仪的测试步骤如下:

①将路面横断面仪就位于测定断面上,方向与道路中心线垂直,两端支脚立于测定车道的两侧边缘,记录断面桩号。

②调整两端支脚高度,使其等高。

③移动横断面仪的测量器,从测定车道的一端移到另一端,记录出断面形状。

注:IWP、OWP 表示内侧轮迹带及外侧轮迹带。

图8-7 不同形状、不同程度的路面车辙示意图

(3)采用横断面尺的测试步骤:

①将横断面尺就位于测定断面上,两端支脚置于测定车道两侧。

②沿横断面尺每隔20cm一点,用量尺垂直立于路面上,用目平视测记横断面尺顶面与路面之间的距离,准确至1mm。如断面的最高处或最低处明显不在测定点上应加测该点距离。

③记录测定读数,绘出断面图,最后连接成圆滑的横断面曲线。

④横断面尺也可用线绳代替。

⑤当不需要测定横断面,仅需要测定最大车辙时,亦可用不带支脚的横断面尺架在路面上由目测确定最大车辙位置用尺量取。

(三)数据计算与处理

测定结果计算整理:

(1)根据断面线按图8-7的方法画出横断面图及顶面基准线。通常为其中之一的形式。

(2)在图上确定车辙深度 D_1 及 D_2,精确至1mm。以其中最大值作为断面的最大车辙深度。

(3)求取各测定断面最大车辙深度的平均值作为该评定路段的平均车辙深度。

(4)由于造成车辙的原因不同(沥青混合料推挤流动、压密、路基压实、沉降)以及车轮横向分布的不同,车辙形状是不同的。断面图概括了不同形状及不同程度的车辙。

世界各国采用的车辙深度计算方法有所不同。例如,美国以两条车辙中部最高点与车辙最低点的两个高差的平均值作为测试断面的车辙深度,这种模式只要测横断面上3点的高程即可;而我国将车辙分为图8-7的7种形式,先通过控制点画出基准线,再以车辙最低点到基准线的距离作为车辙深度,并且只取同一断面上的最大深度作为测试结果。

(四)检测记录与报告

测试报告应记录下列事项:

(1)采用的测定方法。

(2)路段描述,包括里程桩号、路面结构及横断面、使用年限、交通情况等。

(3)各测定断面的横断面图。

(4)各测定断面的最大车辙深度表。

(5)各评定路段的最大车辙深度及平均车辙深度。

(6)根据测定目的应记录的其他事项或数据。

任务工作单

学习领域:道路工程检测

学习情境8　在用公路技术状况检测与评定 工作任务8.4　路面车辙测试	班级			
	姓名		学号	
	日期		评分	

一、任务内容

分组进行沥青路面车辙试验,并填写试验检测记录表和编制试验检测报告。

二、基本知识

1.沥青路面车辙测试方法用于_____,供评定路面_____时使用。

三、任务实施

1.沥青路面车辙测试所需仪具与材料:

2.沥青路面车辙测试现场准备工作:

3.沥青路面车辙测试测试步骤:

4.填写试验检测记录表:
(见 JJ 1403 沥青路面车辙测试试验检测记录表)
5.编制试验检测报告:
(见 JB 02140 沥青路面车辙测试检测报告)
四、任务小结
通过此工作任务的实施,各小组集中完成下述工作。
1.你认为本次实训是否达到预期目的?还有什么意见和建议?

2.沥青路面车辙测试需要哪些仪具与材料?如何测定?

工作任务 8.5　路面抗滑性能检测

 任务概述

1.应知应会

(1)了解单轮式横向力系数测试系统测定路面摩擦系数的目的及适用范围;熟悉单轮式横向力系数测试系统测定路面摩擦系数现场准备工作和测试步骤。

(2)会进行单轮式横向力系数测试系统测定路面摩擦系数的检测操作,数据计算与处理,填写试验检测记录表,编制试验检测报告。

2.学习要求

(1)研读教材内容。

(2)查阅《公路路基路面现场测试规程》(JTG E60—2008)中 T 0965—2008 单轮式横向力系数测试系统测定路面摩擦系数试验方法。

(3)重视理论联系实际。

 相关知识

路面抗滑性能宜采用基于横向力系数的路面抗滑性能检测设备或其他具有可靠数据标定关系的自动化检测设备。路面抗滑性能检测数据(横向力系数)应以 20m 为单位长期保存。横向力系数是与行车方向成 20°偏角的测定轮以一定速度行驶时,专用轮胎与潮湿路面之间的测试轮轴向摩擦阻力与垂直荷载的比值,简称 SFC,无量纲。

当测定轮与行车方向成一定角度且以一定速度行驶时,轮胎与潮湿路段之间摩擦阻力

与接触面积的比值,称为路面横向力系数,代号 SFC,无量纲。以标准的摩擦系数测定车测定沥青路面或水泥混凝土路面的横向力系数,测试结果可作为竣工验收或使用期评定路面抗滑能力的依据。

车载式激光构造深度仪是智能化仪器,可用于新建、改建路面工程质量验收和无严重破损病害及无积水、积雪、泥浆等正常行车条件下测定,连续采集路面构造深度,但不适用于带有沟槽构造的水泥混凝土路面构造深度的测定。

任务实施

(一)仪具与材料

1. 测试系统构成

测试系统由承载车辆、距离测试装置、横向力测试装置、供水装置和主控制系统组成,如图 8-8 所示。主控制系统除实施对测试装置和供水装置的操作控制外,同时还控制数据的传输、记录与计算等环节。

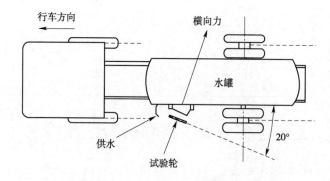

图 8-8 单轮式横向力系数测试系统

2. 设备承载车基本技术要求和参数

横向力系数测试系统的承载车辆应为能够固定和安装测试装置、储供水、控制和记录等系统的载货车底盘,具有在水罐满载状态下最高车速达 100km/h 的性能。

3. 测试系统技术要求和参数

(1)测试轮胎类型:光面天然橡胶充气轮胎。

(2)测试轮胎规格:3.00/20。

(3)测试轮胎标准气压:(350±20)kPa。

(4)测试轮偏置角:19.5°~21°。

(5)测试轮静态垂直标准荷载:(2.00±20)N。

(6)拉力传感器非线性误差:<0.05%。

(7)拉力传感器有效量程:0~2 000N。

(8)距离标定误差:<2%。

(二)方法与步骤

1. 准备工作

(1)每个测试项目开始前或连续测试超过 1 000km 后,必须按照设备使用手册规定的方法进行测试系统的标定,记录标定数据并存档。

(2)检查测试车轮胎气压,应达到车辆轮胎规定的标准气压。

(3)检查测试轮胎磨损情况,当其直径比新轮胎减小达6mm(也即胎面磨损3mm)以上或有明显磨损裂痕时,必须立即要换新轮胎。更换的新轮胎在正式测试前应试测2km。

(4)检测测试轮气压,应达到(0.35 ± 0.02)MPa的要求。

(5)检查测试轮固定螺栓应拧紧。将测试轮放到正常测试时的位置,检查其应能够沿两侧滑柱上下自由升降。

(6)根据测试里程的需要向水罐加注清洁测试用水。

(7)检查洒水口出水情况和洒水位置是否正常;洒水位置应在测试轮触地面中点沿行驶方向前方(400 ± 50)mm处,洒水宽度为中心线两侧各不小于75mm。

(8)将控制面板电源打开,检查各项控制功能键、指示灯和技术参数选择状态应正常。

2. 测定步骤

(1)正式开始测试前,首先应按设备操作手册规定的时间要求对系统进行通电预热。

(2)进入测试路段前应将测试轮胎降至路面上预跑约500m。

(3)按照设备操作手册的规定和测试路段的现场技术要求设置完毕所需的测试状态。

(4)驾驶员在进入测试路段前应保持车速在规定的测试速度范围内,沿正常行车轨迹驶入测试路段。

(5)进入测试路段后,测试人员启动系统的采集和记录程序。在测试过程中必须及时准确地将测试路段的起终点和其他需要特殊标记点的位置输入测试数据记录中。

(6)当测试车辆驶出测试路段后,仪器操作人员停止数据采集和记录,提升测量轮并恢复仪器各部分至初始状态。

(7)操作人员检查数据文件应完整,内容应正常,否则需要重新测试。

(8)关闭测试系统电源,结束测试。

(三)SFC 的修正

1. SFC 的速度修正

测试系统的标准测试速度范围规定为(50 ± 4)km/h,其他速度条件下测试的 SFC 值必须通过式(8-1)转换至标准速度下的等效 SFC 值。

$$\text{SFC}_{标} = \text{SFC}_{测} - 0.22(v_{标} - v_{测}) \tag{8-1}$$

式中:$\text{SFC}_{标}$——标准测试速度下的等效 SFC 值;

$\text{SFC}_{测}$——现场实际测试速度条件下的 SFC 测试值;

$v_{标}$——标准测试速度,取值 50km/h;

$v_{测}$——现场实际测试速度。

2. SFC 值的温度修正

测试系统的标准现场测试地面温度范围为(20 ± 5)℃,其他地面温度条件下由于测试轮胎的弹性和路面本身的抗滑性能会发生变化,因而测试的 SFC 值必须通过表8-6转换至标准温度下的等效 SFC 值。系统测试要求地面温度控制在 8~60℃ 范围内。

SFC 值温度修正　　　　表 8-6

温度(℃)	10	15	20	25	30	35	40	45	50	55	60
修正	-3	-1	0	+1	+3	+4	+6	+7	+8	+9	+10

(四)不同类型摩擦系数测试设备间相关关系对比试验

1. 基本要求

不同类型摩擦系数测试设备的测值应换算成 SFC 值后使用,所以制动式摩擦系数测试设备和其他类型横向力式测试设备在使用时必须和 SCRIM 系统进行对比试验,建立测试结果与 SCRIM 系统测值(SFC 值)的相关关系。

2. 试验条件

(1)按 SFC 值 0~30、30~50、50~70、70~100 的范围选择 4 段不同摩擦系数的路段,路段长度可为 100~300m。

(2)对比试验路段地面应清洁干燥,地面温度应在 10~30℃ 范围内,天气条件宜为晴天无风。

3. 试验步骤

(1)测试系统和需要进行对比试验的其他类型设备分别按操作手册规定的程序准备就绪。

(2)两套设备分别以 40km/h、50 km/h、60km/h、70 km/h、80 km/h 的速度在所选择的 4 种试验路段上各测试 3 次,3 次测试的平均值的绝对差值不得大于 5,否则重测。

(3)两种试验设备设置的采样频率差值不应超过 1 倍,每个试验路段的采样数据量不应少于 10 个。

4. 试验数据处理

(1)分别计算出每种速度下各路段 3 次测试结果的总平均值和标准差,超过 3 倍标准差的值应予以舍弃。

(2)用数理统计的回归分析方法建立试验设备测值与速度的相关关系式,相关系数 R 不得小于 0.95。

(3)建立不同速度下试验设备测值 SFC 的相关关系式,相关系数 R 不得小于 0.95。

(五)路面横向力摩擦系数评定

横向力摩擦系数使用代表值进行工程质量评定,按路面 SFC 的设计或验收标准值评定路面抗滑合格与否。

SFC 代表值为 SFC 算术平均值的下置信界限值,即:

$$SFC_\gamma = \overline{SFC} - \frac{t_\alpha}{\sqrt{n}} \cdot S \tag{8-2}$$

式中:SFC_γ——SFC 代表值;

$\overline{SFC}$——SFC 平均值;

S——标准差;

n——数据个数;

t_α——t 分布表中随测点数和保证车(或置信度)而变的系数,采用的保证率:高速公路、一级公路为 95%,其他公路为 90%。

当 SFC 代表值大于设计值或验收标准时,按单个 SFC 值计算合格率;当 SFC 代表值小于设计值或标准值时,相应分项工程评为不合格。

学习领域:道路工程检测

学习情境8　在用公路技术状况检测与评定
工作任务8.5　路面抗滑性能检测

班级			
姓名		学号	
日期		评分	

一、任务内容
分组用单轮式横向力系数测试系统测定路面摩擦系数,并填写试验检测记录表和编制试验检测报告。

二、基本知识
单轮式横向力系数测试系统测定路面摩擦系数适用于_____。

三、任务实施
1.用单轮式横向力系数测试系统测定路面摩擦系数所需仪具与材料:

2.单轮式横向力系数测试系统测定路面摩擦系数现场准备工作:

3.单轮式横向力系数测试系统测定路面摩擦系数步骤:

4.填写试验检测记录表:
(见 JJ 1403 路面摩擦系数试验检测记录表 单轮式横向力系数测试系统测定路面摩擦系数)

5.编制试验检测报告:
(见 JB 021403 路面摩擦系数试验检测报告)

四、任务小结
通过此工作任务的实施,各小组集中完成下述工作。
1.你认为本次实训是否达到预期目的? 还有什么意见和建议?

2.单轮式横向力系数测试系统测定路面摩擦系数需要哪些仪具与材料? 如何测定?

工作任务 8.6　路面结构强度检测

 任务概述

1. 应知应会

(1)了解自动弯沉仪测定路面弯沉的目的及适用范围;熟悉自动弯沉仪测定路面弯沉现场准备工作和测试步骤。

(2)会进行自动弯沉仪测定路面弯沉的检测操作,数据计算与处理,填写试验检测记录表,编制试验检测报告。

2. 学习要求

(1)研读教材内容。

(2)查阅《公路路基路面现场测试规程》(JTG E60—2008)中 T 0952 自动弯沉仪测定路面弯沉试验方法。

(3)重视理论联系实际。

 相关知识

路面结构强度宜采用自动检测设备检测。自动检测时,宜采用具有可靠数据标定关系的自动化检测设备,检测结果应能换算成我国相关技术规范规定的回弹弯沉值。弯沉检测数据应以 20m 为单位长期保存。采用贝克曼梁检测时,检测数量应不小于 20 点/(km·车道)。抽样检测时,检测范围可控制在养护里程的 20% 以内。

用自动弯沉仪在标准条件下每隔一定距离连续测试路面的总弯沉,并计算总弯沉值的平均值。以此作为尚无坑洞等严重破坏的道路验收检查及旧路面强度的评价指标,可为路面养护管理系统提供数据,经过与贝克曼梁测定值进行换算后,也可以进行路面结构设计。

 任务实施

(一)仪具与材料

自动弯沉仪测定车由承载车,测量机架及控制系统,位移、温度和距离传感器,数据采集和处理系统等基本部分组成,如图 8-9 所示。

自动弯沉仪的承载车辆应为单后轴、单侧双轮组的载货汽车,其标准条件参考贝克曼梁测定路基路面回弹弯沉试验方法中 BZZ—100 车型的标准参数。

自动弯沉仪测试系统基本技术要求和参数如下:

(1)位移传感器分辨率:0.01mm。

(2)位移传感器有效量程:≥3mm。

(3)设备工作环境温度:0~60℃。

(4)距离标定误差:≤1%。

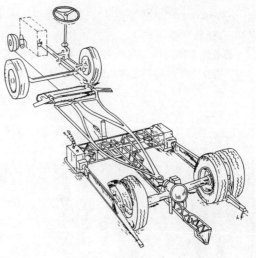

图 8-9　自动弯沉仪

(二)方法与步骤

1. 准备工作

(1)位移传感器标定

每次测试之前必须按照设备使用手册规定的方法进行位移传感器的标定,记录标定数据并存档。

(2)检查承载车轮胎气压

每次测试之前都必须检查后轴轮胎气压,应满足$(0.70±0.5)$MPa的要求。

(3)检测承载车轮载

一般每年检查一次,如果承载车因改装等原因改变了后轴载,也必须进行此项工作,后轴载满足$(100±1)$kN的要求。

(4)检查测量架的易损部件情况,及时更换损坏部件。

(5)打开设备电源进行检查,控制面板功能键、指示灯、显示器等应正常。

(6)开动承载车试测2~3个步距,观察测试机构,测试机构应正常,否则需要调整。

2. 测试步骤

(1)测试系统在开始测试前需要通电预热,时间不少于设备操作手册要求,并开启工程警灯和导向标等警告标志。

(2)在测试路段前20m处将测量架放落在路面上,并检查各机构的部件情况。

(3)操作人员按照设备使用手册的规定和测试路段的现场技术要求设置完毕所需的测试状态。

(4)驾驶员缓慢加速承载车到正常测试速度,沿正常行车轨迹驶入测试路段。

(5)测试人员将测试路段起终点、桥涵等特殊位置的桩号输入到记录数据中。

(6)当测试车辆驶出测试路段后,操作人员停止数据采集和记录,并恢复仪器各部分至初始状态,驾驶员缓慢停止承载车,提起测量架。

(7)操作人员检查数据文件,文件应完整,内容应正常,否则需要重新测试。

(8)关闭测试系统电源,结束测试。

3. 自动弯沉仪与贝克曼梁弯沉测值对比试验步骤

(1)试验条件

①按弯沉值不同水平范围选择不少于4段路面结构相似的路段。路段长度可为300~500m,标记好起终点位置。

②对比试验路段的路面应清洁干燥,温度应在10~35℃范围内,并且选择温度变化不大的时间,宜选择晴天无风的天气条件,试验路段附近没有重型交通和振动。

(2)试验步骤

①自动弯沉仪按照正常测试车速测试选定路段,工作人员仔细用油漆每隔三个测试步距或约20m标记测点位置。

②自动弯沉仪测试完毕后,等待30min;然后,在每一个标记位置用贝克曼梁按照贝克曼梁测定路基路面回弹弯沉试验方法测定各点回弹弯沉值。

③从自动弯沉仪的记录数据中按照路面标记点的相应桩号提出各试验点测值,并与贝克曼梁测值一一对应,用数理统计的回归分析方法得到贝克曼梁测值和自动弯沉仪测值之间的相关关系方程,相关系数R不得小于0.95。

(三)数据计算与处理

1. 计算

(1)采用自动弯沉仪采集路面弯沉盆峰值数据。

(2)数据组中左臂测值、右臂测值按单独弯沉处理。

(3)对原始弯沉测试数据进行温度、坡度、相关性等修正。

2. 弯沉值得横坡修正

当路面横坡不超过4%时,不进行超高影响修正;当横坡超过4%时,超高影响的修正按照表8-7规定进行。

弯沉值横坡修正　　　　　　　　　　　　　　　　　　　　表8-7

横坡范围	高位修正系数	低位修正系数
>4%	$\dfrac{1}{1-i}$	$\dfrac{1}{1+i}$

注:i是路面横坡(%)。

(四)检测记录与报告

测试报告中应该包括以下内容:

(1)弯沉的平均值、标准差、代表值、测试时的路面温度及温度修正值。

(2)自动弯沉仪测值与贝克曼梁测值的相关关系式及相关系数。

任务工作单

学习领域:道路工程检测

学习情境8　在用公路技术状况检测与评定 工作任务8.6　路面结构强度检测	班级	
	姓名	学号
	日期	评分
一、任务内容 分组利用自动弯沉仪进行路面结构强度检测,并填写试验检测记录表和编制试验检测报告。 二、基本知识 用自动弯沉仪在标准条件下每隔一定距离连续测试路面的_____,并计算总弯沉值的平均值。以此作为尚无坑洞等严重破坏的道路验收检查及旧路面强度的评价指标,可为路面养护管理系统提供数据,经过与贝克曼梁测定值进行换算后,也可以进行路面结构设计。 三、任务实施 1.自动弯沉仪测定路面弯沉所需仪具与材料: 2.自动弯沉仪测定路面弯沉的准备工作:		

3. 自动弯沉仪测定路面弯沉的测试步骤：

4. 填写试验检测记录表：

5. 编制试验检测报告：
（见 JB 021405 路基路面弯沉试验检测报告）

四、任务小结

通过此工作任务的实施，各小组集中完成下述工作。

1. 你认为本次实训是否达到预期目的？还有什么意见和建议？

2. 自动弯沉仪测定路面弯沉需要哪些仪具和材料？如何测定？

工作任务8.7　路基、桥隧构造物和沿线设施调查

1. 应知应会

（1）了解沥青路面车辙测试方法的目的及适用范围；熟悉沥青路面车辙测试现场准备工作和测试步骤。

（2）会进行沥青路面车辙测试的检测操作，数据计算与处理，填写试验检测记录表，编制试验检测报告。

2. 学习要求

（1）研读教材内容。

（2）查阅《公路路基路面现场测试规程》（JTG E60—2008）中 T 0973 沥青路面车辙测试方法。

（3）重视理论联系实际。

**相关知识**

公路技术状况评定所需要的路基、桥隧构造物和沿线设施数据,应按表8-8~表8-10规定的损坏类型实地调查。调查及汇总表的式样见《公路技术状况评定标准》(JTG H20—2007)附录C。

有条件的地区,可借助便携式路况数据采集仪进行现场调查、汇总、计算与评定。

路况数据采集仪:用于快速记录路面、路基、桥隧构造物和沿线设施损坏(类型、数量、位置)的便携式设备;具有快速记录、汇总、计算和MQI及分项指标评定的功能,检测数据可采用有线或无线方式直接传输给路面管理系统(CPMS)。

(一)路基损坏类型

路基损坏分8类。

1. 路肩边沟不洁

路肩(包括土路肩、硬路肩和紧急停车带)和边沟(包含边坡)有杂物、油渍、垃圾及堆积物。按行车方向的长度计算,每1m扣0.5分。

2. 路肩损坏

路肩上出现的各种损坏。沥青路面的损坏类型见表8-3;水泥混凝土路面的损坏类型见表8-4;砂石路面的损坏类型见表8-5中的沉陷、坑槽和露骨。

轻:路肩轻度损坏包括表8-3和表8-4规定的所有轻、中度损坏,砂石路面损坏按轻度处理。所有损坏均按损坏的实际面积计算,每$1m^2$扣1分,累计面积不足$1m^2$按$1m^2$计算。

重:路肩重度损坏包括表8-3和表8-4规定的所有重度损坏。所有重度损坏均按损坏的实际面积计算,每$1m^2$扣2分,累计面积不足$1m^2$按$1m^2$计算。

3. 边坡坍塌

挖方路段边坡坍塌。损坏按处和行车方向的长度(m)计算。长度小于或等于5m为轻度损坏,5~10m之间为中度损坏,大于10m为重度损坏。

4. 水毁冲沟

填方路段边坡由雨水冲刷形成的冲沟。损坏按处和冲刷深度计算。深度小于或等于0.2m为轻度损坏,0.2~0.5m之间为中度损坏,大于0.5m为重度损坏。

5. 路基构造物损坏

其损坏包括挡墙等圬工体断裂、沉陷、倾斜、局部坍塌、松动和较大面积勾缝脱落。损坏按处和长度(m)计算。长度小于或等于5m为轻度损坏,5~10m之间为中度损坏,大于10m为重度损坏。

6. 路缘石缺损

路缘石丢失或损坏。按行车方向上的长度计算,每1m扣4分。

7. 路基沉降

深度大于30mm的沉降。损坏按处和长度(m)计算。长度小于5m为轻度损坏,5~10m之间为中度损坏,大于10m为重度损坏。

8. 排水系统淤塞

轻:边沟、排水沟、截水沟等排水系统淤积。按长度计算,每1m扣1分,累计长度不足1m按1m计算。

重:边沟、排水沟和截水沟等排水系统全截面堵塞,损坏按处计算,每处扣20分。

(二)桥隧构造物技术等级

桥隧构造物包括桥梁、隧道和涵洞三类。

1. 桥梁技术等级

桥梁技术等级采用《公路桥涵养护规范》(JTG H11—2004)规定的等级评定方法。规定一、二类桥梁不扣分,三类桥梁每处扣 40 分,四类桥梁每处扣 70 分,五类桥梁每处扣 100 分、同时直接将 MQI 设为最低值。

2. 隧道技术等级

隧道技术等级采用《公路隧道养护技术规范》(JTG H12—2003)规定的等级评定方法。规定 S 类隧道(无异常)不扣分,B 类隧道(有异常)每处扣 50 分,A 类隧道(有危险)每处扣 100 分、同时直接将 MQI 设为最低值。

3. 涵洞技术等级

涵洞技术等级采用《公路桥涵养护规范》(JTG H11—2004)规定的等级评定方法。规定好、较好类涵洞不扣分,较差类涵洞每处扣 40 分,差类涵洞每处扣 70 分,危险类涵洞每处扣 100 分、同时直接将 MQI 设为最低值。

(三)沿线设施损坏类型

沿线设施损坏分 5 类。

1. 防护设施缺损

防护设施(防撞护栏、防落网、声屏障、中央分隔带活动护栏和防眩板等)缺少、损坏或损坏修复后部件尺寸和安装质量达不到规范的技术要求。损坏按处和长度(m)计算。

轻:长度小于或等于 4m,每缺损一处扣 10 分。

重:长度大于 4m,每缺损一处扣 30 分。

2. 隔离栅损坏

隔离栅损坏后修复不及时或修复质量达不到规范的技术要求,损坏按处计算,每缺损一处扣 20 分。

3. 标志缺损

各种交通标志(指示标志、警告标志、禁令标志、里程牌、轮廓标、百米标等)残缺、位置不当或尺寸不规范、颜色不鲜明、污染,可变信息板故障等。损坏按处计算,其中,轮廓标和百米标每 3 个损坏算 1 处,累计损坏不足 3 个按 1 处计算,每处扣 20 分。

4. 标线缺损

标线(含凸起路标)缺少或损坏,损坏按长度(m)计算。每缺损 10m 扣 1 分,累计长度不足 10m 按 10m 计算,评定时不考虑车道数量的影响。

5. 绿化管护不善

树木、花草枯萎或缺树,虫害未及时防治,绿化带未及时修剪或有杂物,路段应绿化而未绿化。损坏按长度(m)计算,每 10m 扣 1 分,累计长度不足 10m 按 10m 计算。

任务实施

(一)路基损坏状况调查

公路技术状况评定所需要的路基数据,应按表 8-8 规定的损坏类型实地调查。调查及汇总表的式样见《公路技术状况评定标准》(JTG H20—2007)附录 C。

路基损坏扣分标准　　　　　　　　　　　　表 8-8

类型(i)	损坏名称	损坏程度	计量单位	单位扣分	权重(w_i)
1	路肩边沟不洁		m	0.5	0.05
2	路肩损坏	轻	m^2	1	0.10
		重		2	
3	边波坍塌	轻	处	20	0.25
		中		30	
		重		50	
4	水毁冲沟	轻	处	20	0.25
		中		30	
		重		50	
5	路基构造物损坏	轻	处	20	0.10
		中		30	
		重		50	
6	路缘石缺损		m	4	0.05
7	路基沉降	轻	处	20	0.10
		中		30	
		重		50	
8	排水系统淤塞	轻	m	1	0.10
		重	处	20	

(二)桥隧构造物技术状况等级评定

公路技术状况评定所需要的桥隧构造物数据,应按表 8-9 规定的损坏类型实地调查。调查及汇总表的式样见《公路技术状况评定标准》(JTG H20—2007)附录 C。

桥隧构造物扣分标准　　　　　　　　　　　表 8-9

类型	项目	技术状况评定等级	计量单位	单位扣分	备注
1	桥梁	一、二	座	0	采用《公路桥涵养护规范》(JTG H11—2004)的评定方法,五类桥梁所属路的 MQI = 0
		三		40	
		四		70	
		五		100	
2	隧道	S:无异常	座	0	采用《公路隧道养护技术规范》(JTG H12—2003)的评定方法,危险隧道所属路段的 MQI = 0
		B:有异常		50	
		A:有危险		100	
3	涵洞	好、较好	道	0	采用《公路桥涵养护规范》(JTG H11—2004)的评定方法,危险涵洞所属路段的 MQI = 0
		较差		40	
		差		70	
		危险		100	

(三)沿线设施损坏状况调查

公路技术状况评定所需要的沿线设施数据,应按表 8-10 规定的损坏类型实地调查。调查及汇总表的式样见《公路技术状况评定标准》(JTG H20—2007)附录 C。

沿线设施扣分标准　　　　　　　　　　　　　表 8-10

类型	损坏名称	损坏程度	计量单位	单位扣分	权重(ω_i)	备注
1	防护设施缺损	轻	处	10	0.25	
		重		30		
2	隔离栅损坏		处	20	0.10	
3	标志损坏		处	20	0.25	
4	标线损坏		m	0.1	0.20	
5	绿化管理不善		m	0.1	0.20	每 10m 扣 1 分,不足 10m 按 10m 计

任务工作单

学习领域:道路工程检测

学习情境 8　在用公路技术状况检测与评定	班级		
工作任务 8.7　路基、桥隧构造物和沿线设施调查	姓名		学号
	日期		评分

一、任务内容

分组进行路基、桥隧构造物和沿线设施调查,并填写路基、桥隧构造物和沿线设施调查表。

二、基本知识

1. 路基损坏分 8 类。路肩边沟不洁是指路肩和边沟_____。按行车方向的长度计算,每 1m 扣_____分。

2. 路况数据采集仪是用于快速记录路面、路基、桥隧构造物和沿线设施损坏(类型、数量、位置)的便携式设备;具有_____的功能,检测数据可采用有线或无线方式直接传输给路面管理系统(CPMS)。

3. 桥梁分为_____个技术等级。规定一、二类桥梁不扣分,三类桥梁每处扣_____分,四类桥梁每处扣 70 分,五类桥梁每处扣_____分,同时直接将 MQI 设为最低值。

三、任务实施

1. 路基损坏状况调查:

2. 桥隧构造物技术等级:

171

3. 沿线设施损坏状况调查:

4. 填写路基、桥隧构造物和沿线设施调查表:
(见《公路技术状况评定标准》(JTG H20—2007)附录 C-4 路基损坏调查表、表 A-5 桥隧构造物损坏调查表、表 A-6 沿线设施损坏调查表)

四、任务小结
通过此工作任务的实施,各小组集中完成下述工作。
1. 你认为本次实训是否达到预期目的? 还有什么意见和建议?

2. 路基损坏状况如何调查? 如何扣分?

工作任务 8.8　公路技术状况评定

1. 应知应会
(1) 了解公路技术状况评定注意事项。
(2) 掌握公路技术状况等级评定要求。
(3) 会公路技术状况指数 MQI 计算与公路技术状况综合评定。

2. 学习要求
(1) 研读教材内容。
(2) 查阅《公路技术状况评定标准》(JTG H20—2007)。
(3) 重视理论联系实际。

(一) 公路技术状况标准

公路技术状况用公路技术状况指数 MQI(Maintenance Quality Indicator)和相应分项指标表示,MQI 和相应分项指标的值域为 0~100。

公路技术状况指数 MQI 包含两层含义:对公路技术状况的客观描述和对公路养护质量和管理水平的科学评价。

公路技术状况分为优、良、中、次、差五个等级。公路技术状况等级按表8-11规定的标准确定。

公路技术状况评定标准　　　　表8-11

评价等级	优	良	中	次	差
MQI及各级分项指标	≥90	≥80,＜90	≥70,＜80	≥60,＜70	＜60

(二)公路技术状况评价指标

公路技术状况评价包含路面、路基、桥隧构造物和沿线设施四部分内容。评价指标见图8-10,各指标值域均为0~100。

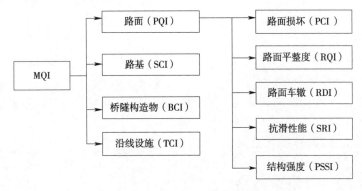

图8-10　公路技术状况评价指标

图中：

MQI——公路技术状况指数；

PQI——路面使用性能指数(Pavement Quality or Performance Index)；

SCI——路基技术状况指数(Subgrade Condition Index)；

BCI——桥隧构造物技术状况指数(Bridge,Tunnel and Culvert Condition Index)；

TCI——沿线设施技术状况指数(Traffic-facility Condition Index)；

PCI——路面损坏状况指数(Pavement Surface Condition Index)；

RQI——路面行驶质量指数(Riding Quality Index)；

RDI——路面车辙深度指数(Rutting Depth Index)；

SRI——路面抗滑性能指数(Skidding Resistance Index)；

PSSI——路面结构强度指数(Pavement Structure Strength Index)。

任务实施

(一)公路技术状况评价

公路技术状况包含路面、路基、桥隧构造物和沿线设施四部分评价内容,其中路面包括沥青路面、水泥混凝土路面和砂石路面。

公路技术状况评定以1 000m路段长度为基本评定单元。

公路技术状况用公路技术状况指数MQI描述和表示,公路技术状况指数MQI按式(8-3)计算。

$$MQI = w_{PQI}PQI + w_{SCI}SCI + w_{BCI}BCI + w_{TCI}TCI \tag{8-3}$$

式中：w_{PQI}——PQI在MQI中的权重,取值为0.70；

w_{SCI}——SCI 在 MQI 中的权重,取值为 0.08;

w_{BCI}——BCI 在 MQI 中的权重,取值为 0.12;

w_{TCI}——TCI 在 MQI 中的权重,取值为 0.10。

针对上述各项指标,《公路技术状况评定标准》(JTG H20—2007)将路面使用性能 PQI 权重确定为 70%,将路基状况 SCI、桥隧构造物状况 BCI 和沿线设施状况 TCI 的权重分别设为 8%、12% 和 10%,由此可以看出,路面是重中之重,是公路技术状况评价的核心内容,路面在国外许多国家的公路养护管理工作中占有 70% 以上的比重,桥隧构造物次之,沿线设施和路基再次之。

1. 路面使用性能(PQI)评价

路面包括沥青路面、水泥混凝土路面和砂石路面。

沥青路面使用性能评价包含路面损坏、平整度、车辙、抗滑性能和结构强度五项技术内容。其中,路面结构强度为抽样评定指标,单独计算与评定,评定范围根据路面大中修养护需求、路基的地质条件等自行确定。

水泥混凝土路面使用性能评价包含路面损坏、平整度和抗滑性能三项技术内容;砂石路面使用性能评价只包含路面损坏一项技术内容。

路面使用性能指数(PQI)按式(8-4)计算。

$$PQI = w_{PCI}PCI + w_{RQI}RQI + w_{RDI}RDI + w_{SRI}SRI \tag{8-4}$$

式中:w_{PCI}——PCI 在 PQI 中的权重,按表 8-12 取值;

w_{RQI}——RQI 在 PQI 中的权重,按表 8-12 取值;

w_{RDI}——RDI 在 PQI 中的权重,按表 8-12 取值;

w_{SRI}——SRI 在 PQI 中的权重,按表 8-12 取值。

PQI 分项指标权重　　　　　　　　　　　　　表 8-12

路面类型	权重	高速、一级公路	二、三、四级公路
沥青路面	w_{PCI}	0.35	0.60
	w_{RQI}	0.40	0.40
	w_{RDI}	0.15	—
	w_{SRI}	0.10	—
水泥混凝土路面	w_{PCI}	0.50	0.60
	w_{RQI}	0.40	0.40
	w_{SRI}	0.10	—

(1)路面损坏(PCI)

路面损坏用路面损坏状况指数(PCI)评价,PCI 按式(8-5)、式(8-6)计算。

$$PCI = 100 - a_0 DR^{a_1} \tag{8-5}$$

$$DR = 100 \times \frac{\sum_{i=1}^{i_0} w_i A_i}{A} \tag{8-6}$$

式中:DR——路面破损率(Pavement Distress Ratio),为各种损坏的折合损坏面积之和与路面调查面积的百分比,%;

A_i——第 i 类路面损坏的面积,m^2;

A——调查的路面面积(调查长度与有效路面宽度之积),m^2;

w_i——第 i 类路面损坏的权重,沥青路面按表8-3取值,水泥混凝土路面按表8-4取值,砂石路面按表8-5取值;

a_0——沥青路面采用15.00,水泥混凝土路面采用10.66,砂石路面采用10.10;

a_1——沥青路面采用0.412,水泥混凝土路面采用0.461,砂石路面采用0.487;

i——考虑损坏程度(轻、中、重)的第 i 项路面损坏类型;

i_0——包含损坏程度(轻、中、重)的损坏类型总数,沥青路面取21,水泥混凝土路面取20,砂石路面取6。

(2)路面行驶质量(RQI)

路面平整度用路面行驶质量指数(RQI)评价,按式(8-7)计算。

$$\text{RQI} = \frac{100}{1 + a_0 e^{a_1 \text{IRI}}} \tag{8-7}$$

式中:IRI——国际平整度指数(International Roughness Index,m/km);

a_0——高速公路和一级公路采用0.65,其他等级公路采用0.58;

a_1——高速公路和一级公路采用0.026,其他等级公路采用0.0185。

(3)路面车辙(RDI)

路面车辙用路面车辙深度指数(RDI)评价,按式(8-8)计算。

$$\text{RDI} = \begin{cases} 100 - a_0 \text{RD} & (\text{RD} \leqslant \text{RD}_a) \\ 60 - a_1(\text{RD} - \text{RD}_a) & (\text{RD}_a < \text{RD} \leqslant \text{RD}_b) \\ 0 & (\text{RD} > \text{RD}_b) \end{cases} \tag{8-8}$$

式中:RD——车辙深度(RuttingDepth,mm);

RD_a——车辙深度参数,采用20mm;

RD_b——车辙深度限值,采用35mm;

a_0——模型参数,采用2.0;

a_1——模型参数,采用4.0。

(4)路面抗滑性能(SRI)

路面抗滑性能用路面抗滑性能指数(SRI)评价,按式(8-9)计算。

$$\text{SRI} = \frac{100 - \text{SRI}_{\min}}{1 + a_0 e^{a_1 \text{SFC}}} + \text{SRI}_{\min} \tag{8-9}$$

式中:SFC——横向力系数(Side-way Force Coefficient);

$\text{SRI}_{\min}$——标定参数,采用35.0;

a_0——模型参数,采用28.6;

a_1——模型参数,采用 -0.105。

(5)路面结构强度(PSSI)

路面结构强度用路面结构强度指数(PSSI)评价,按式(8-10)和式(8-11)计算。

$$\text{PSSI} = \frac{100}{1 + a_0 e^{a_1 \text{SSI}}} \tag{8-10}$$

$$\text{SSI} = \frac{l_d}{l_0} \tag{8-11}$$

式中:SSI——路面结构强度系数(Structure Strength Coefficient),为路面设计弯沉与实测代表弯沉之比;

l_d——路面设计弯沉,mm;
l_0——实测代表弯沉,mm
a_0——模型参数,采用 15.71;
a_1——模型参数,采用 -5.19。

2. 路基技术状况(SCI)评价

路基技术状况用路基技术状况指数(SCI)评价,按式(8-12)计算。

$$SCI = \sum_{i=1}^{8} w_i(100 - GD_{iSCI}) \tag{8-12}$$

式中:GD_{iSCI}——第 i 类路基损坏的总扣分(Global Deduction),最高分值为100,按表8-8的规定计算;

w_i——第 i 类路基损坏的权重,按表8-8取值;

i——路基损坏类型。

3. 桥隧构造物技术状况(BCI)评价

桥梁、隧道和涵洞技术状况用桥隧构造物技术状况指数(BCI)评价,按式(8-13)计算。

$$BCI = \min(100 - GD_{iBCI}) \tag{8-13}$$

式中:GD_{iBCI}——第 i 类构造物损坏的总扣分,最高分值为100,按表8-9的规定计算;

i——构造物类型(桥梁、隧道或涵洞)。

4. 沿线设施技术状况(TCI)评价

沿线设施技术状况用沿线设施技术状况指数(TCI)评价,按式(8-14)计算。

$$TCI = \sum_{i=1}^{5} w_i(100 - GD_{iTCI}) \tag{8-14}$$

式中:GD_{iTCI}——第 i 类设施损坏的总扣分,最高分值为100,按表8-10的规定计算;

w_i——第 i 类设施损坏的权重,按表8-11取值;

i——设施的损坏类型。

(二)公路技术状况评定

1. 路段 MQI

公路技术状况评定以1 000m路段长度为基本评定单元。路段MQI按式(8-3)计算。对非整公里的路段,除PQI外,SCI、BCI和TCI三项指标的实际扣分均应换算成整公里值(扣分×基本评定单元长度/实际路段长度)。桥隧构造物评价结果(BCI)计入桥隧构造物所属路段。存在五类桥梁、危险隧道、危险涵洞的路段,MQI = 0。

2. 路线 MQI

路线技术状况评定时,应采用路线所包含的所有路段MQI算术平均值作为该路线的MQI值。

3. 等级评定

按表8-11的规定确定公路技术状况等级,按《公路技术状况评定标准》(JTG H20—2007)附录C表A-8格式统计MQI及分项指标的优良、中、次差的长度及比例。

(三)应注意的问题

(1)沥青路面损坏类型中,车辙深度大于10mm的才能够算作路面损坏。

(2)路面结构强度为抽样检测指标,单独进行计算和评定,评价指标MQI的计算中没有牵扯到此指标。

(3)PQI 的计算中,沥青路面包括五项内容,水泥混凝土路面包含三项内容,砂石路面仅包含路面损坏一项内容。

(4)所有基于快速检测设备的原始检测数据包括横向力系数、车辙、路面平整度、路面算坏,都应该尽可能以高密度(10~20m)长期保存。

(5)对不同等级公路应该确定合适的检测方法和频率,采用先进设备和人工采集相结合的方式。

(6)明确《公路技术状况评定标准》(JTG H20—2007)的用途:评定路况、科学决策、指导生产。

(7)整合不同单位、不同检测手段得到的检测数据,并进行有效的数据共享、分析。

(8)公路技术状况评定应制定合理的工作流程和工作程序。

任务工作单

学习领域:道路工程检测

学习情境8 在用公路技术状况检测与评定 工作任务8.8 公路技术状况评定	班级		
	姓名		学号
	日期		评分

一、任务内容

分组进行公路技术状况评定,依据《公路技术状况评定标准》(JTG H20—2007)填写表 A-7 公路技术状况评定明细表和表 A-8 公路技术状况评定汇总表。

二、基本知识

1. 公路技术状况用公路技术状况指数 MQI 和相应分项指标表示,MQI 和相应分项指标的值域为_____。

2. 公路技术状况指数 MQI 包含两层含义:对_____和对_____。

3. 公路技术状况分为_____五个等级。

4. 公路技术状况评价包含_____、路基、_____和沿线设施四部分内容。

三、任务实施

1. 公路技术状况评价:

2. 路面使用性能(PQI)评价:

3. 路基技术状况(SCI)评价:

4. 桥隧构造物技术状况(BCI)评价:

5. 沿线设施技术状况(TCI)评价:

6. 公路技术状况评定:

7. 编制公路技术状况评定明细表和公路技术状况评定汇总表。
(见《公路技术状况评定标准》(JTG H20—2007)附录表 A-7 公路技术状况评定明细表和表 A-8 公路技术状况评定汇总表)

四、任务小结

通过此工作任务的实施,各小组集中完成下述工作。

1. 你认为本次实训是否达到预期目的? 还有什么意见和建议?

2. 公路技术状况评定应注意的问题有哪些?

附　　录

附录 A　公路路基路面现场测试随机选点方法

1　目的与适用范围

(1)随机取样选点的方法是按数理统计原理在路基路面现场测定时决定测定区间、测定断面、测点位置的方法。

(2)本方法适于公路路基路面各个层次及各种现场测定时,为采取代表性试验资料而决定测定区间、测定断面、测点位置时使用。

2　仪具及材料

本方法需要下列仪具及材料。

(1)量尺:钢尺、皮尺等。

(2)硬纸片:编号从 1~28 共 28 块,每块大小 2.5cm×2.5cm,装在一个布袋中。

(3)骰子:2 个。

(4)其他:毛刷、粉笔等。

3　测定区间或测定断面的确定方法

检测路段是根据路基路面施工或验收、质量评定方法等有关规范规定需检测的路段,它可以是一个作业段、一天完成的路段或路线全程。在路基路面工程检查验收时,通常以 1km 为一个检测路段。下面主要介绍测定断面的确定步骤(检测路段的确定与本方法相同)。

(1)将确定的测试路段划分为一定长度的区间或按桩号间距(一般为 20m)划分若干个断面,将其编号为第 n 个区间或第 n 个断面,其总的区间数或断面数为 T。

(2)从布袋中随机摸出一块硬纸片,硬纸片上的号数即为附表 A-1 上的栏号,从 1~28 栏中选出该栏号的一栏。

(3)按照测定区间数、断面数的频度要求确定测定断面的取样总数 n,依次找出与 A 列中 01、02、…、n 对应的 B 列中的值,共 n 对对应的 A、B 值。当 $n>30$ 时应分次进行。

(4)将 n 个 B 值与总的区间数或断面数 T 相乘,四舍五入成整数,即得到 n 个断面的编号,与 A 样的 1、2、…、n 对应。

(5)查断面编号对应的桩号,即为拟检测的断面。

【例 A-1】　按照有关规定,检查验收时拟从 K000+000~K1+000 的 1km 检测路段中选择 20 个断面测定路面宽度、高程、横坡等外形尺寸,断面决定方法如下。

(1)1km 总长的断面数 T = 1 000/20 = 50 个,编号 1、2、…、50。

(2)从布袋中摸出一块硬纸片,其编号为4,即使用随机数表的第4栏。

(3)从第4栏A列中挑出小于20所对应的B列数值,将B与T相乘,四舍五入得到20个编号,并得到20个断面的桩号,如附表A-2所示。

取样随机数表　　　　　　　　　　　　附表A-1

栏号1			栏号2			栏号3			栏号4			栏号5		
A	B	C	A	B	C	A	B	C	A	B	C	A	B	C
15	0.033	0.578	05	0.048	0.879	21	0.013	0.220	18	0.089	0.716	17	0.024	0.863
21	0.101	0.300	17	0.074	0.156	30	0.036	0.853	10	0.102	0.330	24	0.060	0.032
23	0.129	0.916	18	0.102	0.191	10	0.052	0.746	14	0.111	0.925	26	0.074	0.639
30	0.158	0.434	06	0.105	0.257	25	0.061	0.954	28	0.127	0.840	07	0.167	0.512
24	0.177	0.397	28	0.179	0.447	29	0.062	0.507	24	0.132	0.271	28	0.194	0.776
11	0.202	0.271	26	0.187	0.844	18	0.087	0.887	19	0.285	0.089	03	0.219	0.166
16	0.204	0.012	04	0.188	0.482	24	0.105	0.849	01	0.326	0.037	29	0.264	0.284
08	0.208	0.418	02	0.208	0.577	07	0.139	0.159	30	0.334	0.938	11	0.282	0.262
19	0.211	0.798	03	0.214	0.402	01	0.175	0.647	22	0.405	0.295	14	0.379	0.994
29	0.233	0.070	07	0.245	0.080	23	0.196	0.873	05	0.421	0.282	13	0.394	0.405
07	0.260	0.073	15	0.248	0.831	26	0.240	0.981	13	0.451	0.212	06	0.410	0.157
17	0.262	0.308	29	0.261	0.037	14	0.255	0.374	02	0.461	0.023	15	0.438	0.700
25	0.271	0.180	30	0.302	0.883	06	0.310	0.043	06	0.487	0.539	22	0.453	0.635
06	0.302	0.672	21	0.318	0.088	11	0.316	0.653	08	0.497	0.396	21	0.472	0.824
01	0.409	0.406	11	0.376	0.936	13	0.324	0.585	25	0.503	0.893	05	0.488	0.118
13	0.507	0.693	14	0.430	0.814	12	0.351	0.275	15	0.594	0.603	01	0.525	0.222
02	0.575	0.654	27	0.438	0.676	20	0.371	0.535	27	0.620	0.894	12	0.561	0.980
18	0.591	0.318	08	0.467	0.205	08	0.409	0.495	21	0.629	0.841	08	0.652	0.508
20	0.610	0.821	09	0.474	0.138	16	0.445	0.740	17	0.691	0.583	18	0.668	0.271
12	0.631	0.597	10	0.492	0.474	03	0.494	0.929	09	0.708	0.689	30	0.736	0.634
27	0.651	0.281	13	0.498	0.892	27	0.543	0.387	07	0.709	0.012	02	0.763	0.253
04	0.661	0.953	19	0.511	0.520	17	0.625	0.171	11	0.714	0.049	23	0.804	0.140
22	0.692	0.089	23	0.591	0.770	02	0.699	0.073	23	0.720	0.695	25	0.828	0.425
05	0.779	0.346	20	0.604	0.730	19	0.702	0.934	03	0.748	0.413	10	0.843	0.627
10	0.787	0.173	24	0.654	0.330	22	0.816	0.802	20	0.781	0.603	16	0.858	0.849
10	0.818	0.837	12	0.728	0.523	04	0.838	0.166	26	0.830	0.384	04	0.903	0.327
14	0.905	0.631	16	0.753	0.344	15	0.904	0.116	04	0.843	0.002	09	0.912	0.382
26	0.912	0.376	01	0.806	0.134	28	0.969	0.742	12	0.884	0.582	27	0.935	0.162
28	0.920	0.163	22	0.878	0.884	09	0.974	0.046	29	0.926	0.700	20	0.970	0.582
03	0.945	0.140	25	0.930	0.162	05	0.977	0.494	16	0.951	0.601	19	0.975	0.327

注:此表共28个栏号,第6~28栏母中的A、B、C值可参照有关规程、规范或标准。

路面宽度、高程、横坡检测断面随机选点计算表　　　　附表 A-2

断面编号	4 栏 A 列	B 列	$B \times T$	断面编号	桩号
1	18	0.089	4.45	4	K000+080
2	10	0.102	5.1	5	K000+100
3	14	0.111	5.55	5	K000+120
4	19	0.285	14.25	14	K000+280
5	01	0.326	16.3	16	K000+320
6	05	0.421	21.05	21	K000+420
7	13	0.451	22.55	22	K000+440
8	02	0.461	23.05	23	K000+360
9	06	0.487	24.35	24	K000+480
10	08	0.497	24.85	24	K000+500
11	15	0.594	29.7	29	K000+580
12	17	0.691	34.55	34	K000+680
13	09	0.708	35.4	35	K000+700
14	07	0.709	35.45	35	K000+720
15	11	0.714	35.7	35	K000+740
16	03	0.748	37.4	37	K000+760
17	20	0.781	39.05	39	K000+780
18	04	0.843	42.15	42	K000+840
19	12	0.884	44.2	44	K000+880
20	16	0.951	47.55	47	K000+940

4 测点位置确定方法

(1)从布袋中任意取出一块硬纸片,纸片上的号数即为附表 A-1 中的栏号,从 1~28 栏中选出该栏号的一栏。

(2)按照测点数的频度要求(总的取样为 n),依次找出栏号的取样位置数,每个栏号均有 A、B、C 三列。根据检验数量 n(当 n 大于 30 时应分次进行),在所定栏号的 A 列找出等于所需取样位置数的全部数,如 01、02、…、n。

(3)确定取样位置的纵向距离,找出与 A 列中相对应的 B 列中的数值,以此数乘以检测区间的总长度,并加上该段的起点桩号,即得出取样位置距该段起点的距离或桩号。

(4)确定取样位置的横向间距,找与 A 列中相对应的 C 列中的数值,以此数乘以检查路面的宽度,再减去宽度的一半,即得取样位置离路中心线的距离。如差值是正值(+),表示在中心线的右侧;如差值是负值(-),表示在中心线的左侧。

【例 A-2】 按照有关规定,检查验收时拟在 K000+000~K1+000 的 1km 检测路段中选择 6 个测点进行钻孔取样检验有关的压实度、沥青用量和矿料级配等,钻孔位置决定方法如下。

(1)选定的随机数栏为栏号3,即附表A-1中的第3栏。

(2)栏号3从上至下小于6的数依次为:01、06、03、02、04、05。

(3)随机数表栏号3的B列中与这6个数相应的数为0.175、0.310、0.494、0.699、0.838、0.977。

(4)取样路段长度为1 000m,计算得出6个乘积(取样位置与该段起点的距离)分别为175m、310m、494m、699m、838m、977m。

(5)随机数表栏号3的C列中与A列数值相应的数为0.647、0.043、0.929、0.073、0.166、0.494。

(6)路面宽度为10m,计算得6个乘积分别是6.47m、0.63m、9.29m、0.73m、1.66m、4.94m。因此,6个取样的横向位置分别是右1.47m、左4.37m、右4.29m、左4.27m、左3.34m、左0.06m。

计算结果列于附表A-3。

钻孔位置取样选点计算表 附表A-3

测点编号	A列	B列	距起点距离（m）	桩号	C列	距边缘距离（m）	距中线位置（m）
1	01	0.175	175	K000+175	0.647	6.47	右1.47
2	06	0.310	310	K000+310	0.043	0.43	左4.57
3	03	0.494	494	K000+494	0.929	9.29	右4.29
4	02	0.699	699	K000+699	0.073	0.73	左4.27
5	04	0.838	838	K000+838	0.166	1.66	左3.34
6	05	0.977	977	K000+977	0.494	4.94	左0.06

附录B 检测路段数据整理方法

1 目的与适用范围

1.1 根据相关规范的规定计算一个评定路段内测定值的平均值、标准差、变异系数、计算测定值与设计值之差,按照数理统计原理计算一个评定路段内测定值的代表值。

1.2 计算代表值所使用的保证率,根据相关规范的规定采用。

2 计算

2.1 按式(B-1)计算实测值 X_1 与设计 X_0 之差。

$$\Delta X_1 = X_1 - X_0 \qquad (B-1)$$

式中:X_1——各个测点的测定值;

X_0——设计值;

ΔX_1——实测值 X_1 与设计值 X_0 之差。

2.2 测定值的平均值、标准差、变异系数、绝对误差、精度等按式(B-2)~式(B-6)计算。

$$\bar{x} = \frac{1}{n}(x_1 + x_2 + \cdots + x_n) = \frac{1}{n}\sum_{i=1}^{n} x_i \tag{B-2}$$

$$S = \sqrt{\frac{(x_1 - \bar{x})^2 + (x_2 - \bar{x})^2 + \cdots + (x_n - \bar{x})^2}{n-1}} = \sqrt{\frac{\sum_{i=1}^{n}(x_i - \bar{x})^2}{n-1}} \tag{B-3}$$

$$C_V(\%) = \frac{S}{\bar{x}} \times 100 \tag{B-4}$$

$$m_x = \frac{S}{\sqrt{N}} \tag{B-5}$$

$$P_x = \frac{m_x}{X} \times 100 \tag{B-6}$$

式中：x_n——各个测点的测定值；

　　　N——一个评定路段内的测点数；

　　　$\bar{x}$——一个评定路段内测定值的平均值；

　　　S——一个评定路段内测定值的标准差；

　　　C_V——一个评定路段内测定值的变异系数，%；

　　　m_x——一个评定路段内测定值的绝对误差；

　　　P_x——一个评定路段内测定值的试验精度(%)。

2.3 计算一个评定路段内测定值的代表值时，对单侧检验的指标，按式(B-7)计算；对双侧检验的指标，按式(B-8)计算。

$$X' = \bar{X} \pm S\frac{t_\alpha}{\sqrt{N}} \tag{B-7}$$

$$X' = \bar{X} \pm S\frac{t_{\alpha/2}}{\sqrt{N}} \tag{B-8}$$

式中：X'——一个评定路段内测定值的代表值；

t_α 或 $t_{\alpha/2}$——t 分布表中随自由度($N-1$)和置信水平 α(保证率)而变化的系数，见附表 B。

$$\frac{t_{\alpha/2}}{\sqrt{N}} 和 \frac{t_\alpha}{\sqrt{N}} 的值 \qquad 附表 B$$

测定数 N	双边置信水平 $t_{\alpha/2}/\sqrt{N}$		单边置信水平	
	保证率 95%	保证率 90%	保证率 95%	保证率 90%
	$\alpha/2$	$\alpha/2$	α	α
2	8.985	4.465	4.465	2.176
3	2.484	1.686	1.686	1.089
4	1.591	1.177	1.177	0.819
5	1.242	0.953	0.953	0.686
6	1.049	0.823	0.823	0.603
7	0.925	0.716	0.716	0.544
8	0.836	0.670	0.670	0.500
9	0.769	0.620	0.620	0.466
10	0.715	0.580	0.580	0.437

续上表

测定数 N	双边边置信水平 $t_{\alpha/2}/\sqrt{N}$		单边置信水平	
	保证率95% $\alpha/2$	保证率90% $\alpha/2$	保证率95% α	保证率90% α
11	0.672	0.546	0.546	0.414
12	0.635	0.518	0.518	0.392
13	0.604	0.494	0.494	0.376
14	0.577	0.473	0.473	0.361
15	0.554	0.455	0.455	0.347
16	0.533	0.436	0.436	0.335
17	0.514	0.423	0.423	0.324
18	0.497	0.410	0.410	0.314
19	0.482	0.398	0.398	0.304
20	0.468	0.387	0.387	0.297
21	0.454	0.376	0.376	0.289
22	0.443	0.367	0.367	0.282
23	0.432	0.358	0.358	0.275
24	0.421	0.350	0.350	0.269
25	0.413	0.342	0.342	0.264
26	0.404	0.335	0.335	0.258
27	0.396	0.328	0.328	0.235
28	0.388	0.322	0.322	0.248
29	0.380	0.316	0.316	0.244
30	0.373	0.310	0.310	0.239
40	0.320	0.266	0.266	0.206
50	0.284	0.237	0.237	0.184
60	0.258	0.216	0.216	0.167
70	0.238	0.199	0.199	0.155
80	0.223	0.186	0.186	0.145
90	0.209	0.173	0.173	0.136
100	0.198	0.166	0.166	0.129

3 报告

3.1 根据工程需要及现行相关规范规定,列出一个评定路段内测定值的记录表,记录平均值、标准差、变异系数及代表值。注明不符合规范规定的测点。

3.2 当无特殊规定时,可疑数据的舍弃宜按照 k 倍标准差作为舍弃标准,即在资料分析中,舍弃那些在 $\bar{X} \pm kS$ 范围以外的测定值,然后再重新计算整理。当试验数据 N 为 3、4、5、6 个时,k 值分别为 1.15、1.46、1.67、1.82;$N \geqslant 7$ 时,k 值宜采用 3。

附录 C 公路技术状况评定调查及汇总表

沥青路面损坏调查表　　　　　　　　　　　　　　　　附表 C-1

路线名称：		调查方向：		调查时间：				调查人员：					
调查内容	程度	权重 w_i	单位	起点桩号： 路段长度：				终点桩号： 路面宽度：					累计损坏
				1	2	3	4	5	6	7	8	9	10	
龟裂	轻	0.6	m²											
	中	0.8												
	重	1.0												
块状裂缝	轻	0.6	m²											
	重	0.8												
纵向裂缝	轻	0.6	m											
	重	1.0												
横向裂缝	轻	0.6	m											
	重	1.0												
坑槽	轻	0.8	m²											
	重	1.0												
松散	轻	0.6	m²											
	重	1.0												
沉陷	轻	0.6	m²											
	重	1.0												
车辙	轻	0.6	m											
	重	1.0												
波浪拥包	轻	0.6	m²											
	重	1.0												
泛油		0.2	m²											
修补		0.1	m²											

评定结果：

DR = 　　%

PCI =

计算方法：

$$PCI = 100 - a_0 DR^{a_1}$$

$$DR = 100 \times \sum_{i=1}^{i_0} \frac{w_i A_i}{A}$$

$a_0 = 15.00$

$a_1 = 0.412$

水泥混凝土路面损坏调查表   附表 C-2

路线名称：		调查方向：		调查时间：			调查人员：							
调查内容	程度	权重 w_i	单位	起点桩号： 路段长度：				终点桩号： 路面宽度：						累计损坏
				1	2	3	4	5	6	7	8	9	10	
破碎板	轻	0.8	m^2											
	重	1.0												
裂缝	轻	0.6	m											
	中	0.8												
	重	1.0												
板角断裂	轻	0.6	m^2											
	中	0.8												
	重	1.0												
错台	轻	0.6	m											
	重	1.0												
唧泥		1.0	m											
边角剥落	轻	0.6	m											
	中	0.8												
	重	1.0												
接缝料损坏	轻	0.4	m											
	重	0.6												
坑洞		1.0	m^2											
拱起		1.0	m^2											
露骨		0.3	m^2											
修补		0.1	m^2											

评定结果：

DR =   %

PCI =

计算方法：

$$PCI = 100 - a_0 DR^{a_1}$$

$$DR = 100 \times \sum_{i=1}^{i_0} \frac{w_i A_i}{A}$$

$a_0 = 10.66$

$a_1 = 0.461$

砂石路面损坏调查表   附表 C-3

路线名称：		调查方向：		调查时间：			调查人员：							
调查内容	权重 w_i		单位	起点桩号： 路段长度：				终点桩号： 路面宽度：						累计损坏
				1	2	3	4	5	6	7	8	9	10	
路拱不适	0.1		m											
沉陷	0.8		m^2											
波浪搓板	1.0		m^2											
车辙	1.0		m											

续上表

路线名称：		调查方向：		调查时间：			调查人员：					
调查内容	权重 w_i	单位	起点桩号： 路段长度：				终点桩号： 路面宽度：					累计损坏
			1	2	3	4	5	6	7	8	9	10	
坑槽	1.0	m²											
露骨	0.8	m²											
评定结果： DR = % PCI =			计算方法： $PCI = 100 - a_0 DR^{a_1}$ $DR = 100 \times \sum_{i=1}^{i_0} \frac{w_i A_i}{A}$ $a_0 = 10.10$ $a_1 = 0.487$									

路基损坏调查表 附表 C-4

路线名称：			调查方向：		调查时间：			调查人员：					
调查内容	程度	单位扣分	权重 w_i	计量单位	起点桩号： 路段长度：				终点桩号： 路面宽度：				累计损坏
					1	2	3	4	5	6	7	8	9	10	
路肩边沟不洁		0.5	0.05	m											
路肩损坏	轻	1	0.10	m²											
	重	2													
边坡坍塌	轻	20	0.25	处											
	中	30													
	重	50													
水毁冲沟	轻	20	0.25	处											
	中	30													
	重	50													
路基构造物损坏	轻	20	0.10	处											
	中	30													
	重	50													
路缘石缺损		4	0.05	m											
路基沉降	轻	20	0.10	处											
	中	30													
	重	50													
排水系统淤塞	轻	1	0.10	m											
	重	20		处											
评定结果： SCI =				计算方法： $SCI = \sum_{i=1}^{8} w_i (100 - GD_{iSCI})$											

桥隧构造物损坏调查表

附表 C-5

路线名称：		调查方向：		调查时间：			调查人员：					
项目	技术状况	单位扣分	计量单位	起点桩号： 路段长度：			终点桩号： 路面宽度：					累计损坏
				1	2	3	4	5	6	7	8	9	10	
桥梁	一、二	0	座											
	三	40												
	四	70												
	五	100												
隧道	S:无异常	0	座											
	B:有异常	50												
	A:有危险	100												
涵洞	好、较好	0	道											
	较差	40												
	差	70												
	危险	100												

评定结果：

BCI =

计算方法：

$$BCI = \min(100 - GD_{iBCI})$$

沿线设施损坏调查表

附表 C-6

路线名称：		调查方向：		调查时间：			调查人员：					
调查内容	程度	单位扣分	权重 w_i	计量单位	起点桩号： 路段长度：			终点桩号： 路面宽度：					累计损坏
					1	2	3	4	5	6	7	8	9	10	
防护设施缺损	轻	10	0.25	处											
	重	30													
隔离栅损坏		20	0.10	处											
标志缺损		20	0.25	处											
标线缺损		0.1	0.20	m											
绿化管理不善		0.1	0.20	m											

评定结果：

TCI =

计算方法：

$$TCI = \sum_{i=1}^{5} w_i (100 - GD_{iTCI})$$

公路技术状况评定明细表

附表 C-7

路线名称：　　　　技术等级：　　路面类型：　　检测方向：　　　　年　月　日

路段桩号	长度(m)	MQI	路面PQI	路面分项指标					路基SCI	桥隧构造物BCI	沿线设施TCI
				PCI	RQI	RDI	SRI	PSSI			

附注：表中 PSSI 为抽样评定指标。

第　页总　页

公路技术状况评定汇总表

附表 C-8

年 月 日

<table>
<tr><td colspan="7">基本信息</td></tr>
<tr><td colspan="2">所属省市</td><td colspan="5"></td></tr>
<tr><td colspan="2">路线名称(编码)</td><td colspan="5"></td></tr>
<tr><td colspan="2">技术等级</td><td colspan="5"></td></tr>
<tr><td colspan="2">路面类型</td><td colspan="5"></td></tr>
<tr><td colspan="2">评定长度(km)</td><td colspan="5"></td></tr>
<tr><td colspan="2">管养单位</td><td colspan="5"></td></tr>
<tr><td colspan="2">主管单位</td><td colspan="5"></td></tr>
<tr><td colspan="2">平均 MQI</td><td colspan="2"></td><td>评定等级</td><td colspan="2"></td></tr>
<tr><td colspan="2">平均 MQI(上行)</td><td colspan="2"></td><td>评定等级(上行)</td><td colspan="2"></td></tr>
<tr><td colspan="2">平均 MQI(下行)</td><td colspan="2"></td><td>评定等级(下行)</td><td colspan="2"></td></tr>
<tr><td colspan="2">上行评定长度(km)</td><td colspan="2"></td><td>下行评定长度(km)</td><td colspan="2"></td></tr>
<tr><td colspan="7">统 计 信 息</td></tr>
<tr><td colspan="2" rowspan="2"></td><td colspan="2">上下行</td><td colspan="2">上行</td><td colspan="2">下行</td></tr>
<tr><td>长度(km)</td><td>比例(%)</td><td>长度(km)</td><td>比例(%)</td><td>长度(km)</td><td>比例(%)</td></tr>
<tr><td colspan="2">MQI(优、良)</td><td></td><td></td><td></td><td></td><td></td><td></td></tr>
<tr><td colspan="2">MQI(中)</td><td></td><td></td><td></td><td></td><td></td><td></td></tr>
<tr><td colspan="2">MQI(次、差)</td><td></td><td></td><td></td><td></td><td></td><td></td></tr>
<tr><td colspan="2">PQI(优、良)</td><td></td><td></td><td></td><td></td><td></td><td></td></tr>
<tr><td colspan="2">PQI(中)</td><td></td><td></td><td></td><td></td><td></td><td></td></tr>
<tr><td colspan="2">PQI(次、差)</td><td></td><td></td><td></td><td></td><td></td><td></td></tr>
<tr><td colspan="2">SCI(优、良)</td><td></td><td></td><td></td><td></td><td></td><td></td></tr>
<tr><td colspan="2">SCI(中)</td><td></td><td></td><td></td><td></td><td></td><td></td></tr>
<tr><td colspan="2">SCI(次、差)</td><td></td><td></td><td></td><td></td><td></td><td></td></tr>
<tr><td colspan="2">BCI(优、良)</td><td></td><td></td><td></td><td></td><td></td><td></td></tr>
<tr><td colspan="2">BCI(中)</td><td></td><td></td><td></td><td></td><td></td><td></td></tr>
<tr><td colspan="2">BCI(次、差)</td><td></td><td></td><td></td><td></td><td></td><td></td></tr>
<tr><td colspan="2">TCI(优、良)</td><td></td><td></td><td></td><td></td><td></td><td></td></tr>
<tr><td colspan="2">TCI(中)</td><td></td><td></td><td></td><td></td><td></td><td></td></tr>
<tr><td colspan="2">TCI(次、差)</td><td></td><td></td><td></td><td></td><td></td><td></td></tr>
</table>

第 页 总 页

参 考 文 献

[1] 中华人民共和国行业标准.JTG F80/1—2004 公路工程质量检验评定标准[S].北京:人民交通出版社,2004.

[2] 中华人民共和国行业标准.JTG E60—2008 公路路基路面现场测试规程[S].北京:人民交通出版社,2008.

[3] 中华人民共和国行业标准.JTG E30—2005 公路工程水泥及水泥混凝土试验规程[S].北京:人民交通出版社,2005.

[4] 中华人民共和国行业标准.JTG E51—2009 公路工程无机结合料稳定材料试验规程[S].北京:人民交通出版社,2007.

[5] 中华人民共和国行业标准.JTG H20—2007 公路技术状况评定标准[S].北京:人民交通出版社,2007.

[6] 王立军,周广宇,李旭丹.公路工程检测[M].郑州:黄河水利出版社,2012.

[7] 中华人民共和国行业标准.JT/T 828—2012 公路试验检测数据报告编制导则[S].北京:人民交通出版社,2012.

[8] 交通运输部质监局.公路工程工地试验室标准化指南[S].北京:人民交通出版社,2013.

[9] 国家认证认可监督管理委员会.实验室资质认定工作指南[M].北京:中国计量出版社,2007.